我们一起解决问题

图书在版编目（CIP）数据

农产品电商成长课堂：从短视频引流到直播卖货全程指南 / 赵宁，董红，赵改娟著. -- 北京：人民邮电出版社，2023.4

（助力乡村振兴系列）

ISBN 978-7-115-61216-8

Ⅰ. ①农… Ⅱ. ①赵… ②董… ③赵… Ⅲ. ①农产品—网上销售—指南 Ⅳ. ①F724.72-62

中国国家版本馆CIP数据核字(2023)第032346号

内容提要

在短视频、直播等新传播方式的带动下，农产品电商发展迅速，但相关从业者对"人、货、场"三要素专业化发展趋势认识不深、主播素质有待提高等因素仍制约着行业的发展。本书作者基于丰富的农产品推广和"新农人"培养经验创作了《农产品电商成长课堂：从短视频引流到直播卖货全程指南》一书，旨在为农产品电商从业者提供一套可有效指导实战的思路、方法和技巧。

本书共分为8章，分别从农产品电商发展态势、农产品电商的"人、货、场"、预热宣传、直播规划、开播准备、互动营销、现场带货、综合运营等方面介绍了农产品电商的相关知识、实战方法和注意事项。此外，书中穿插了作者本人及作者培养的"新农人"根据自身实践经验总结出的很多实战技巧和心得。

本书适合从事农产品电商工作的各类企事业单位人员、创业人员、培训师、咨询师及相关院校的师生阅读。

◆　　　　著　赵　宁　董　红　赵改娟
　　责任编辑　陈　宏
　　责任印制　彭志环

◆人民邮电出版社出版发行　　北京市丰台区成寿寺路 11 号
　邮编 100164　　电子邮件 315@ptpress.com.cn
　网址 https://www.ptpress.com.cn
　涿州市般润文化传播有限公司印刷

◆开本：700×1000　1/16
　印张：13.5　　　　　　　　　　2023 年 4 月第 1 版
　字数：200 千字　　　　　　　　2025 年 8 月河北第 12 次印刷

定　价：59.80 元

读者服务热线：(010) 81055656　印装质量热线：(010) 81055316
反盗版热线：(010) 81055315

助力乡村振兴系列

农产品电商
成长课堂

从短视频引流到直播卖货全程指南

赵宁 董红 赵改娟 ◎著

人民邮电出版社
北 京

编委会

序言

業内人士普遍认为，"畅通农产品销售，品质是加法，营销是乘法"。但是一直以来，农产品的销售模式都是"人找货"，缺少像其他产业那样成熟的营销体系。直播带货的兴起，为农产品营销打开了一扇新的窗口，实现了农产品销售从"人找货"到"货找人"的转变。然而，这条新兴的营销渠道如何才能真正助力农产品销售，拓宽农民增收致富的通道呢？答案就在这本书中。

随着互联网技术的发展，尤其是在线支付技术的逐步发展完善，线上消费已经成为我国消费升级的重要一环。以直播带货、短视频带货为核心的电商新业态显著改变了农产品的销售模式和消费模式，越来越多的农产品进入线上渠道，越来越多的消费者通过观看直播、短视频购买农产品。例如，陕西出现了洛川苹果、安康富硒茶、周至猕猴桃、大荔冬枣等地方品牌，而且已经在直播领域形成了一定的影响力。

一直以来，农产品都不具备品牌性，而是更强调地域性。传统的营销渠道不仅限制了农产品的销售范围，也限制了农产品品牌的形成和传播。短视频和直播营销有助于实现农产品品牌的快速传播，一条"爆款"短视频即可带动农产品品牌在几天之内传遍全国，极大地提升农产品品牌的知名度。

此外，农产品往往凝结着当地的风俗文化，各类创作者和主播在通过短视频和直播推广、销售农产品的过程中必然会介绍当地的风土人情、风光景色等。消费者在消费农产品的同时可能会对这些产地的风光、风俗产生兴趣，希望到当地旅游，从而带动农村旅游经济的发展。

传统的营销模式对运营和营销人员的技术、能力要求较高。以传统电商平台为例，运营人员不仅要熟练掌握摄影、文案撰写等，还要具备运营、推广等能力，而绝大多数农民很难做到。但是，短视频、直播领域几乎是每一位农民都可以参与的。农民只需要一部手机，学习一些拍摄技巧，就可以通过视频呈现农产品生产、种植的过程，分享当地的农村日常生活，从而收获大量的粉丝。例如，短视频账号"乡野小静"的运营者名叫小静，她通过分享自己的农村生活片段，收获了 37 万粉丝。还有"陕西少安哥"等账号，都通过真实地记录农村生活场景勾起了网友的乡愁，进而收获了众多粉丝。

久居城市的消费者通过观看短视频、直播体验农村生活乐趣、各地风土人情时，也会对当地的农产品产生兴趣，进而产生基于信任的消费行为。

我们在山东寿光带着学员研学的时候，寿光的大棚基地里挂着几句标语，如"大棚直播卖菜，越土越有人爱""种菜这么好，不上直播可惜了"。这些来自田间地头的朴素话语生动地说明了短视频、直播与农产品的契合性。

在本书中，我们尽量用三农人听得懂、学得会、能上手的语言和案例，为大家详细地讲解农产品电商从短视频引流到直播卖货的全流程。

本书具体分为 8 章，围绕着直播的"人、货、场"三大要素，详细地阐述了普通人做农产品电商所需了解的知识。我们希望这本书能给扎根于农业生产一线的伙伴们带去有关农产品电商的理论和实践知识。我们的目标是：把课堂搬进田间地头，把论文写在广袤的大地上；让更多的领头雁成为乡村振兴的持久动力；让三农领域达人推动县域农产品上行；让我国广大农村的特优农产品走出农村、乡镇，出现在全国甚至全世界人的餐桌上。

作为一名老师、一名深耕三农培训的大学教育工作者，我始终认为，我们接受教育的目的，不是为了摆脱贫困的家乡，而是为了让我们的家乡摆脱贫困，为国家的发展做出应有的贡献。我衷心希望本书能够发挥此作用。

目录

/////

第1章 5G＋直播：开启农产品电商新赛道 ·······················1

1.1 从乡村振兴视角看农产品电商 ···························2

  1.1.1 什么是农产品电商 ·······························2

  1.1.2 农产品电商赋能乡村振兴 ·······················3

1.2 直播间里的农产品电商 ·······························4

  1.2.1 直播电商与传统电商 ···························5

  1.2.2 直播电商助力农产品上行 ·······················6

  1.2.3 5G为农产品直播插上翅膀 ······················7

1.3 "小木耳大产业"的深刻启示 ·························8

  1.3.1 农产品电商大有可为 ···························8

  1.3.2 农产品电商发展困境 ···························9

第2章 躬身入局：打磨农产品电商的"人、货、场" ·········11

2.1 农民是"人" ·····································12

  2.1.1 哪些人适合做农产品电商主播 ··················12

  2.1.2 如何成为优秀的农产品"卖货郎" ················13

2.2 农产品是"货" ···································15

  2.2.1 地域特产 ···································16

2.2.2 自产自销 ··· 17

2.2.3 风俗美景 ··· 18

2.2.4 手工艺品 ··· 19

2.3 农村是"场" ··· 20

2.3.1 农产品电商常见的"场" ··· 20

2.3.2 如何设计农产品销售的"环境场" ································· 22

2.3.3 如何设计农产品销售的"产品场" ································· 24

第 3 章 预热宣传：通过短视频吸引自然流量 ································· 27

3.1 三农短视频账号定位 ··· 28

3.1.1 平台定位：如何选择短视频平台 ································· 28

3.1.2 赛道定位：如何确定短视频题材 ································· 29

3.1.3 选题定位：创作什么类型的短视频内容 ··························· 31

3.1.4 人设定位：如何设计个人 IP ····································· 33

3.2 三农短视频账号快速起号"七步法" ····································· 35

3.2.1 完成认证 ··· 36

3.2.2 活跃账号 ··· 38

3.2.3 完成账号"基础建设" ··· 39

3.2.4 参照对标账号拍摄短视频 ··· 41

3.2.5 发布作品 ··· 42

3.2.6 吸引算法流量 ··· 45

3.2.7 经营垂直流量 ··· 46

3.3 三农短视频创作技巧 ··· 47

3.3.1 三农短视频的拍摄要素 ··· 47

3.3.2 三农短视频如何拟标题 ··· 49

3.3.3 三农短视频拍摄脚本 ··· 50

3.3.4 三农短视频的构图技巧 ··· 55

3.3.5 三农短视频的拍摄技巧 ··· 57

3.3.6 三农短视频的剪辑技巧 ……………………………… 57

3.3.7 三农短视频的创作红线 ……………………………… 62

3.4 如何用短视频给直播间引流预热 …………………………… 63

3.4.1 亮点预告 ………………………………………………… 63

3.4.2 源头拍摄 ………………………………………………… 65

3.4.3 上手实操 ………………………………………………… 66

3.4.4 幕后花絮 ………………………………………………… 66

3.4.5 剧情引入 ………………………………………………… 67

3.4.6 人设互动 ………………………………………………… 67

3.5 预热短视频创作注意事项 ………………………………… 68

3.5.1 控制时长 ………………………………………………… 68

3.5.2 把握发布节奏 …………………………………………… 68

3.5.3 标题精准 ………………………………………………… 70

3.5.4 内容要为直播服务 ……………………………………… 71

第4章 直播规划：从 0 到 1 开启农产品直播 ………………… 73

4.1 如何启动农产品直播 ……………………………………… 74

4.1.1 农产品直播当下急需解决的问题 ……………………… 74

4.1.2 如何为农产品直播选择平台 …………………………… 75

4.1.3 农产品直播账号注册与包装 …………………………… 77

4.1.4 如何策划一场农产品直播 ……………………………… 80

4.2 直播定位 …………………………………………………… 82

4.2.1 产品定位：准备卖什么产品 …………………………… 82

4.2.2 客户定位：谁会买产品 ………………………………… 83

4.2.3 主播定位：谁在卖产品 ………………………………… 84

4.3 货品规划 …………………………………………………… 84

4.3.1 农产品直播的选品策略 ………………………………… 85

4.3.2 "爆款"产品的特点 …………………………………… 86

　　　4.3.3　设计产品价格布局 ···················· 88

　　　4.3.4　设计产品组合布局 ···················· 89

　　　4.3.5　撰写卖点文案 ······················ 90

　　　4.3.6　设置合理的库存 ····················· 91

　4.4　**流程规划** ··························· 92

　　　4.4.1　直播流程策划 ······················ 92

　　　4.4.2　直播脚本设计 ······················ 94

　　　4.4.3　直播次数和开播时间规划 ················· 99

　4.5　**场地规划** ·························· 100

　　　4.5.1　不同直播场景的场地 ·················· 100

　　　4.5.2　直播环境的选择和布置 ················· 102

　　　4.5.3　直播间灯光和背景设计 ················· 103

　　　4.5.4　直播背景音乐设计 ··················· 105

　　　4.5.5　直播带货设备和工具 ·················· 106

第5章　开播准备：夯实农产品直播带货的根基 ········· 109

　5.1　**直播间准备** ························· 110

　　　5.1.1　直播标题和封面怎么设计 ················ 110

　　　5.1.2　直播话题怎么设置 ··················· 113

　　　5.1.3　直播间页面怎么设置 ·················· 114

　　　5.1.4　直播间的产品怎么摆放 ················· 116

　　　5.1.5　直播间测试与调试 ··················· 118

　5.2　**主播准备** ·························· 120

　　　5.2.1　如何成为一名优秀的主播 ················ 121

　　　5.2.2　口才不好怎么做直播 ·················· 122

　　　5.2.3　提高人设辨识度 ···················· 124

　　　5.2.4　主播个人生理问题的解决办法 ·············· 125

　　　5.2.5　主播的心理建设 ···················· 126

5.3 **合规准备** ·· 127

　5.3.1　直播间违禁词 ······························· 127

　5.3.2　直播间违规画面 ···························· 128

　5.3.3　直播连麦违规行为 ························· 130

5.4 **新号开播准备** ·································· 130

　5.4.1　新手必须了解的专业术语 ············· 131

　5.4.2　新号直播自然流量的来源 ············· 132

　5.4.3　新号开播如何降低直播成本 ········· 132

　5.4.4　从第一场直播就要学会做数据 ····· 134

第6章　互动营销：拉高农产品直播间的人气 ······ 137

6.1 **直播间互动营销活动设计** ··············· 138

　6.1.1　背景互动 ······································· 138

　6.1.2　主播个人互动 ······························· 140

　6.1.3　嘉宾互动 ······································· 142

　6.1.4　福利赠送互动 ······························· 142

　6.1.5　滚动抽奖互动 ······························· 143

　6.1.6　直播界面互动 ······························· 144

　6.1.7　强调关注互动 ······························· 144

　6.1.8　销售实况互动 ······························· 145

　6.1.9　公屏提示互动 ······························· 145

　6.1.10　关键词聊天互动 ························· 146

6.2 **直播互动营销方式** ·························· 147

　6.2.1　直播 + 名人 ··································· 147

　6.2.2　直播 + 农村日常 ··························· 148

　6.2.3　直播 + 新品发布 ··························· 148

　6.2.4　直播 + 深互动 ······························· 149

6.3 直播不同阶段的互动技巧 ································· 149

6.3.1 直播开始时如何互动 ································ 149

6.3.2 直播过程中如何互动 ································ 150

6.3.3 直播结束时如何互动 ································ 152

第7章 现场带货：引爆农产品直播的销量 ············· 153

7.1 开播暖场：让观众产生期待感 ····················· 154

7.1.1 开场如何活跃气氛 ································· 154

7.1.2 欢迎和预告技巧 ··································· 155

7.1.3 互动留人技巧 ····································· 157

7.2 产品介绍：为提高转化率奠定基础 ················· 158

7.2.1 展示产品的全貌和细节 ··························· 158

7.2.2 塑造产品价值 ····································· 159

7.2.3 邀请观众参与互动 ································· 161

7.2.4 激发观众需求 ····································· 163

7.3 信任背书：打消观众对产品的顾虑 ················· 164

7.3.1 展示销售数据 ····································· 164

7.3.2 用户案例与评价 ··································· 167

7.3.3 名人或专家推荐 ··································· 167

7.4 说服购买：帮助观众排除其他选择 ················· 169

7.4.1 制造对比 ··· 170

7.4.2 去抽象化 ··· 170

7.4.3 调动情绪 ··· 171

7.5 催促下单：推动观众完成下单 ····················· 172

7.5.1 营造热销氛围 ····································· 172

7.5.2 打造可预期的惊喜 ································· 174

7.5.3 不断提醒即时销量 ································· 175

7.5.4 满足观众的美好想象 ……………………………… 176

7.5.5 讲解下单流程 ……………………………………… 176

7.5.6 感谢，追单，预告 …………………………………… 178

第 8 章 综合运营：赋能农产品电商持续成长 …………… 181

8.1 **团队运营** ……………………………………………… 182

8.1.1 专业的直播团队结构 ………………………………… 182

8.1.2 直播团队的工作流程和分工 ………………………… 183

8.1.3 不同岗位人才的招聘与筛选 ………………………… 185

8.1.4 不同岗位人才的考核与激励 ………………………… 187

8.2 **售后运营** ……………………………………………… 188

8.2.1 订单盘点 ……………………………………………… 189

8.2.2 打包发货 ……………………………………………… 189

8.2.3 物流跟踪 ……………………………………………… 190

8.2.4 售后处理 ……………………………………………… 191

8.2.5 评论维护 ……………………………………………… 192

8.2.6 数据复盘 ……………………………………………… 193

8.3 **私域运营** ……………………………………………… 194

8.3.1 建立私域流量池 ……………………………………… 194

8.3.2 收集直播反馈 ………………………………………… 197

8.3.3 长期稳定高频开播 …………………………………… 197

8.3.4 不断更新产品 ………………………………………… 197

8.3.5 向粉丝发放专属福利 ………………………………… 198

8.3.6 群内开播提醒 ………………………………………… 198

致谢 ………………………………………………………… 201

第1章

5G＋直播：开启农产品电商新赛道

1.1 从乡村振兴视角看农产品电商

农业农村农民问题是关系国计民生的根本性问题,解决好"三农"问题、实施乡村振兴战略是实现全体人民共同富裕的必然选择。在乡村振兴之路上,农产品电商已经成为推动县域农产品上行,让特色农产品插上翅膀飞到全国甚至全世界餐桌上的重要力量。

1.1.1 什么是农产品电商

农产品从田间地头到走上百姓餐桌,其销售过程一直以来都存在诸多障碍。过去,农产品生产出来以后,需要经过收购商、产地批发市场、经销商、销地批发市场、超市或菜市场等多个环节才能到达消费者手中。中间商数量多导致农产品溢价严重,而且运输链条长、耗时长,难以保证农产品的新鲜度。

农产品电商是一种新业态,农产品生产出来之后或即将收获的时候就放到各个电商平台销售,消费者下单之后,农产品在原产地完成分拣、加工、打包、发货等一系列活动,再通过物流送到消费者手中。

我国农产品电商的发展大体可分为三个阶段,如图 1-1 所示。第一个阶段是 2003—2015 年,从业者主要从农产品流通方式、交易方式和农产品电商平台建设这三个方面探索农产品电商的可行模式。第二阶段是 2016—2020 年,从业者主要从物流、商贸、金融、数字化技术等方面推动农产品电商的规模化、专业化发展。第三个阶段是 2021 年以后,从业者依托"数商兴农"工程,主要从乡村振兴、数字乡村建设等方面促进农产品电商实现高质量发展。

图 1-1　我国农产品电商发展的三个阶段

经过十几年的发展，农产品电商已成为不少地区县域经济发展的新引擎。《2021 全国县域农业农村信息化发展水平评价报告》显示，2020 年全国县域农产品网络零售额为 7 520.5 亿元，占农产品销售总额的 13.8%，电商服务站点行政村覆盖率达到 78.9%。电商、物流、商贸、金融、供销、邮政、快递等市场主体的加入极大地推动了农产品电商的发展。众多农产品加工厂、农产品基地纷纷建立电商渠道，许多农民尤其是返乡创业的"新农人"积极拥抱农产品电商。

1.1.2　农产品电商赋能乡村振兴

2017 年，党的十九大报告首次提出乡村振兴战略，并对实施乡村振兴战略作出重大决策部署。按照"三步走"战略规划，2020 年全面建成小康社会，对应的是乡村振兴的制度框架、政策体系基本形成；2035 年基本实现社会主义现代化，对应的是农业农村现代化基本实现；2050 年建成富强民主文明和谐美丽的社会主义现代化强国，对应的是农业强、农村美、农民富全面实现。

农产品电商是转变农业农村发展方式的重要手段，是推动农产品销售变革的重要渠道，是帮助农民增收的重要途径。农产品电商在激刺农村消费、推动农业升级、助力精准扶贫、促进农村发展中的作用日益凸显，为乡村产业振兴、人才振兴、文化振兴、生态振兴、组织振兴注入了强劲的动力。以陕西省为例，全省 107 个县（市、区）、1 012 个乡镇均已建立基层电商服务机构。电商平台销售数据显示，2019 年陕西省农产品电商销售额超过 115 亿元，同比增长 24.17%。农产品电商在服务农村社会经济发展、推动乡村振兴等方面发挥了重要作用。

《"十四五"推进农业农村现代化规划》中提出，支持农民工、大中专毕业生、退役军人、科技人员和工商业主等返乡入乡创业，鼓励能工巧匠和"田秀才""土专家"等乡村能人在乡创业；实施"农村创业创新带头人培育行动"，打造 1 500 个农村创业创新园区和孵化实训基地，培育 10 万名农村创业创新导师和 100 万名带头人，带动 1 500 万名返乡入乡人员创业。

随着越来越多的年轻人返乡入乡创业成为"新农人"，育人、留人也成了乡村振兴工作的重中之重。农产品电商有利于推动农村产兴业旺、强化农村人才保障、孕育和谐农村人文氛围、助建农村良好人居环境、协同健全现代乡村社会治理体制，为"新农人"在农村生活好、发展好提供肥沃的土壤。

农产品电商赋能乡村振兴的最终目标是助力全面实现农业强、农村美、农民富，让电商成为农村必不可少的生产和生活方式。

1.2　直播间里的农产品电商

据商务部统计，2021 年重点监测电商平台累计直播场次超 1.2 亿场，累计观看超 1.1 万亿人次。随着直播带货的规范化、常态化升级，直播间将成为各类商业实体标配的销售渠道。

1.2.1　直播电商与传统电商

直播电商诞生于被称为"直播元年"的 2016 年，是以直播为核心营销推广手段的电商形式。相比于传统电商，直播电商依托互动性强的直播手段，在产品呈现、时间成本、社交方式、购物体验等多个方面表现出显著优势。

随着直播电商的高速发展，越来越多的商家开始尝试直播，做直播俨然已经成为各类商家销售、营销的"新常态"。与此同时，电商主播的队伍也在不断壮大，除了专业的电商销售人员，企业领导者、演艺人士、政府官员、娱乐主播等具有影响力的人物也开始加入直播带货大军，市民、农民这样的普通人变身为带货主播的更是不计其数。不同类型的主播吸引的消费群体有所不同，这加速了直播电商的消费人群拓展，越来越多的人开始选择在直播间购物。

在传统的电商模式下，消费者往往只能通过图片和文字了解产品。而直播电商凭借即时、立体的产品呈现方式和实时互动模式，极大地提升了消费者的体验，可以帮助消费者更快速、更准确地做出购买决策。

与传统电商相比，直播电商具有以下四个方面的优势。

（1）**实时性强**。在直播过程中，消费者通过直播画面可以实现所见即所得，主播可以与消费者进行实时互动，像线下的面对面销售一样快速解答消费者提出的问题，有效地解决了传统电商模式存在的体验问题。实时视频互动的冲击力远远超过文字、图片、视频等。

（2）**温度感强**。直播并不是冷冰冰的产品展示，主播通过生动的解说及与观众的互动，让观众对产品产生更全面、更深入的了解，并获得类似于线下消费的真实感和温度感。主播相当于一位优秀的导购，相比于传统电商模式下被动提供的客户服务，主播主动提供的精准的沟通引导服务会让消费者感觉更贴心。

（3）**互动性强**。在直播间里，主播可以随时与观众交流，商家也可以随时收集消费者对产品的反馈，发现消费者的兴趣，并且快速做出应对、调整。这些都让直播电商比传统电商更生动活泼、互动性更强、更具有吸引力。

（4）**故事性强**。好的农产品不仅本身有卖点，还附带了很多有情感、有温度的故事。传统电商主要通过文字描述故事，直播电商则通过镜头讲述故事，这让故事变得更加动人。在直播过程中，主播既可以展示农产品原产地的风土人情，也可以把农民收获、包装农产品的过程真实地展现给消费者。

从传统电商到直播电商，产品销售和营销的逻辑发生了重大改变。在传统电商时代，把产品做好就行，但在直播电商时代，不仅要把产品做好，还要不断地激发用户的兴趣，并通过为主播打造特定形象拉近主播与用户之间的距离。直播电商并不是弄一下灯光，摆一堆产品，安排一位主播在镜头前喊"上链接"那么简单。直播电商已经成为一个庞大的产业，并将带动销售和营销方式的重大变革。它的发展不仅需要技术的支撑，还需要大量实践的积淀，乃至理论的创新。

1.2.2 直播电商助力农产品上行

农产品上行是指借助农产品电商拓宽农产品的推广和销售渠道，让农产品从田间地头直达消费者手中。农产品电商已成为农产品上行的最佳渠道之一。

商务部数据显示，2022 年全国农村网络零售额为 2.17 万亿元。其中，农村实物商品网络零售额为 1.99 万亿元。全国农产品网络零售额为 5 313.8 亿元，同比增长 9.2%，增速较 2021 年提升 6.4 个百分点。

在陕西省泾阳县云阳镇电子商务中心的直播间，主播们正在线上推介农产品。在短短的 2 小时内，直播间便完成线上交易 50 多笔，成交额超过 1 万元。

云阳镇属于温带大陆性气候，是传统的农业大镇。依托泾惠渠灌溉系统，全镇蔬菜种植面积达到 6 万亩，蔬菜专业村有 20 多个，反季节日光温室大棚有 7 000 余座，占地约 3.4 万亩。

2020 年春节前，云阳镇的蔬菜销售受到影响。为适应经济新常态要求，满足群众的年货消费需求，马晨牵头组织举办了泾阳县首届线上年货节暨农特产品代言活动，通过网络和电商平台，以"年货会"的形式在线上直播带货，取得了良好的经济效益和社会效益，受到了咸阳市政府和云阳镇群众的广泛好评。

随着乡村振兴战略的深入实施、电商及数字农业的快速发展，越来越多的乡镇启动直播助力农产品上行活动，越来越多的"新农人"加入直播带货大军。"手机成了新农具，直播成了新农活，数据成了新农资，农人成了新主播"正在成为新时代农村生活的常态。农产品电商的发展将对助力农产品上行、带动农民增收发挥积极作用。

1.2.3 5G 为农产品直播插上翅膀

2019 年 6 月 6 日，工信部正式向中国电信、中国移动、中国联通、中国广电四家运营商发放 5G 商用牌照，这标志着我国 5G 正式开始商用。5G 具有高速度、泛在网、低时延等特点，从理论上讲，5G 网络的速度可以达到 4G 网络的十几倍甚至几十倍。5G 的技术特征使它成为 4K/8K 超高清视频及虚拟现实（Virtual Reality，VR）、增强现实（Augmented Reality，AR）应用的底层技术，推动了 VR /AR 应用的普及，为直播电商的快速发展提供了技术基础。

（1）5G 让直播画面转向超高清。目前，受直播设备与 4G 网络传输效率的影响，直播画面模糊的现象时有发生，这会影响产品细节的展示。5G 则使 4K/8K 超高清直播成为可能，充分满足消费者对直播画质与流畅度的期待。

（2）5G **让直播场景趋于多元化**。5G 的高传输速率与高移动性有助于丰富直播场景。特别是随着覆盖广度的提升，5G 为处于偏远地区的原产地及工厂做直播提供了巨大的想象空间，拉近了产品生产环节与消费者之间的距离，可以在潜移默化中促进交易的达成。

（3）5G **带来了沉浸式购物体验**。VR/AR 与直播电商的融合可以给用户带来身临其境的沉浸式消费体验。

《"十四五"推进农业农村现代化规划》中提出，实施数字乡村建设工程，推动农村千兆光网、5G、移动物联网与城市同步规划建设，提升农村宽带网络水平，全面推进互联网协议第六版（IPv6）技术在农村信息基础设施、信息终端、技术产品、应用软件中的广泛应用。5G 等信息基建的完善将为农产品直播插上腾飞的翅膀。

1.3 "小木耳大产业"的深刻启示

2020 年 4 月，习近平在陕西省商洛市柞水县小岭镇金米村调研时表示，电商作为新兴业态，既可以推销农副产品、帮助群众脱贫致富，又可以推动乡村振兴，是大有可为的。同一时期，柞水木耳走进直播间，成了 2020 年的爆红农产品。

1.3.1 农产品电商大有可为

2020 年，三秦大地掀起了淘宝直播旋风。4 月 21 日，淘宝头部主播纷纷在直播间里挂上了柞水木耳的产品链接，众多网友涌入直播间抢购，24 吨木耳瞬间被抢光。一场由小小的木耳引发的产业变革发生了。

2020 年 4 月，阿里巴巴集团与陕西省商务厅签署以兴农助农为核心的"春雷计划"战略合作协议。4 月 23 日，在淘宝直播和中央电视台联合举办的史上最大规模的陕西农产品直播活动中，有 3 800 多个陕西商家和农户携 5 万多款农产品集体开播，淘宝头部主播、央视主持人及各路明星集体为陕西农民带货。陕西省副省长徐大彤和 12 位县（区、市）长也走进淘宝直播间，为陕西农产品代言。

直播在"拉动消费、助推'双循环'结构形成""赋能传统经济、带动产业升级""催生新的就业形态、扩大就业规模""助力农村脱贫、助推乡村振兴"等方面发挥了显著作用，成了农村电商发展的新方向、新引擎。

淘宝直播数据显示，在直播助农计划"村播计划"上线 3 年后，淘宝直播平台累计已有 11 万农民主播，开播超过 230 万场，通过直播带动农产品销售超 50 亿元。陕西省是"三农"淘宝直播第一省。在陕西，每 4 位淘宝主播中就有 1 位是农民主播，农民主播的开播场次增速高居全国榜首。2019 年，除了柞水木耳，洛川苹果、武功猕猴桃都进入了淘宝"农产品亿元俱乐部"。大荔胡萝卜、泾阳西红柿、米脂杂粮等陕西农产品的销量也迅速增长，从"土货"变成了"爆款"。

乡村振兴，助农先行。各项数据都在向我们展示农产品电商在助农方面的优势和力量。

1.3.2　农产品电商发展困境

直播让"手机成了新农具，直播成了新农活""面朝黄土背朝天的农民，成了背靠淘宝、面朝镜头的新农人"，但农产品电商离"通过展示生活、生产方式，带动农产品上行，进而脱贫致富"的理想状态还有很大的差距。背后的原因既有网络基础设施薄弱、物流成本居高不下、产品标准化程度不高等客观因素，也有从业者对农产品电商"人、货、场"三要素专业化发展趋势认识不深、把握不准等主观因素，大多数农民主播还停留在"一部手机做直播"的原始阶段，这极大地制约了农产品电商的发展。

具体来说，目前农产品电商存在以下几个突出问题。

（1）**标准缺失**。农产品品质缺乏标准和"有标准，难执行"的问题同时存在。农产品的大小、颜色、品种、成熟度不一致已经成为消费者投诉的热点。

（2）**消费体验不佳**。由于供应链体系不健全，农产品的仓储、包装、冷链、物流等服务跟不上，严重影响了农产品的新鲜度和配送时效。包装破损、产品变质等问题已经成为农产品电商的突出问题。

（3）**直播人才匮乏**。农产品主要依靠当地领导、知名主播等进行直播带货，大部分农民没有能力做直播，需要对他们加强培训和指导。

纵观直播电商的发展历程，专业化、标准化、集成化已经成为发展趋势。"秀场时代"的手机卖货已成为"过去式"，专业灯光、摄像机、话筒等已经成为电商直播间的标配，影视级的多机位设备及内容生产流程和理念被更多头部主播所青睐。这就要求农产品电商从业人员潜心研究电商行业发展规律，重点把握"人、货、场"三要素建设需求，积极推进标准化直播间建设，打造沉浸式、体验更佳的网络消费空间；积极整合品牌资源，打造高质、高效的产品供应链；加强主播等核心人员的培养，提高其专业素养，增强其带货能力。

农民直播带货既离不开农产品本身的质量保障，也离不开站台吆喝，更离不开专业、敬业的工作人员。农产品电商既需要技能支持，也需要肩负责任。

第 2 章

躬身入局：打磨农产品电商的"人、货、场"

2.1 农民是"人"

电商中的"人、货、场"是指影响销售的三个重要因素,"人"是指销售人员、顾客,"货"是指产品,"场"是指销售产品的场景、场地、渠道等。对直播电商来说,"人、货、场"同样是基础三要素,"人"是指直播间里的人及其人设,是直播带货的转化要素;"货"是指产品和供应链,是直播带货的核心要素;"场"是指直播的场景和场地,是直播带货的体验要素。具体到农产品电商中,农民是"人",农产品是"货",农村是"场"。

人们普遍对农民有天然的信任感,短视频和直播平台对与农民相关的作品有旺盛的需求,如分享农村生活、美食美景、风土人情的作品。有报告显示,70%的城市居民喜欢观看农村题材的内容,如小麦是如何长出来的、面粉是如何磨出来的等。很多人内心深处都有乡愁,对农村生活感到好奇,向往农村生活。因此,农产品电商要主打农民人设,无论拍摄短视频还是直播带货,都可以讲一讲农村的日常生活和生产。

2.1.1 哪些人适合做农产品电商主播

不是每个人都适合走进直播间,更不是每件产品都适合在直播间销售。不了解直播的人往往认为主播打开手机就能卖货,如果直播卖货这么容易,那么产品销售问题只需要找几位优秀的主播就可以解决了。但事实上,很多企业与知名主播合作几次并提高产品销量之后,一旦脱离知名主播,产品销量就会显著下滑。对大部分企业来说,自己的员工才是最好的主播人选,因为他们更了解企业的产品，而且对企业比较忠诚。未来，企业自播会成为常态，24 小时不断播的"日不落直播间"可能会大量出现，主播可能会按小时值班。

在农产品电商直播间，三农人自己最适合做主播，做农产品的销售员。2021 年，抖音发布的三农数据报告显示，农村视频总获赞量高达 129 亿次，农村创作者的收入同比增长 15 倍。其中，返乡创业青年占比达到 54%，这些返乡创业青年就是所谓的"新农人"，他们不仅了解农产品，还拥有新思维和新技术；不仅更了解直播，还更懂直播的规律和技巧。因此，他们是主播的合适人选。2020 年 8 月 4 日，抖音平台推出"新农人计划"，宣布将投入总计 12 亿流量资源，支持三农内容创作。针对来自国家级贫困县的三农内容创作者，抖音平台还会给予流量扶持、运营培训、变现指导等政策倾斜。

在农产品电商领域，有一类"销售员"比较特殊，他们就是当地领导。抖音平台数据显示，截至 2020 年 11 月，"县长来直播"活动累计帮助贫困县增收 6 819 万元。县长带货往往"自带流量"，一方面人们容易对愿意躬身入局直播、销售农产品的县长产生好感，进而购买县长所带的货；另一方面，县长对本地农产品比较了解，也更容易调动供应链，这对售后也是一种保障。当然，直播间里出现的当地领导不局限于县长，既可以是县委书记、县长，也可以是县委副书记、副县长、镇长、副镇长等。

总之，农产品电商主播首先必须非常了解自己销售的农产品；其次要具备一定的销售能力，或者自身在三农领域具备一定的影响力，否则在农产品电商赛道上获得成功的机会非常渺茫。

2.1.2 如何成为优秀的农产品"卖货郎"

无论是"新农人"还是当地领导，或者是其他的农产品销售员，在真正开始卖货之前，都必须对自己及将要开展的工作有更深入的认识，做好充分的准备。

一般来说，具备以下几个特点的人更适合做"卖货郎"。

（1）**有较强的表现欲**。不同的人有不同的性格，在销售这个方面，性格外向、喜欢表现自己的人一般更容易成功。

（2）**有较强的表达力**。对"卖货郎"来说，表达力主要是指通过语言把产品介绍给客户、让客户接受产品的能力。有人提炼出了一个有关表达力的公式：表达力＝观点＋理由＋举例＋结论。

（3）**有较强的毅力**。迸发出一时的热情比较容易，但坚持到底非常困难。做直播必须熟悉平台的底层逻辑和各种运营技巧，只有具备较强的毅力，才能持续进步。

（4）**说干就干**。说干就干是一种乐观者行为，它代表的是对未来充满希望和期待。乐观的背后是勇气，而勇气的背后是知识储备和阅历。

（5）**有较强的学习能力**。时代在不断地发展变化，唯一不变的是我们需要持续提升自己的学习能力。

（6）**能读懂人心**。销售的目的是成交，成交的关键是读懂人心、趋利避害、顺应市场和平台。

以上六个特点，哪怕只具备其中一个，只要善加利用，也足以使我们成为一名优秀的农产品"卖货郎"。不过，如果你想成为优秀的农产品电商主播，还需要问自己以下几个问题并找到答案。

① 我被粉丝关注的 10 个理由是什么？

答案可能是幽默、表现力强、接地气、学历高、逻辑思维能力强、认真负责、有才艺、在专业领域取得过出色成绩……

例如，"乡村胡子哥"招牌式的胡子和大快朵颐，"云南小花"的民族服饰和甜美笑容，就是他们被关注的理由。他们不刻意模仿别人，非常有个性。

②我的目标用户的 50 个痛点是什么？

答案可能是行业痛点、人群痛点、产品痛点、生活痛点、情感痛点……

③我如何做才能持续输出有价值的内容？

答案可能是坚持做最真实的自己、坚持讲自己懂的事情、不轻易变换赛道、内容接地气、及时满足粉丝的需求……

例如，"云南小花"一年走近 4 000 千米的路，帮农民卖滞销农产品。

④我如何做才能与粉丝保持频繁互动？

答案可能是经常开直播、持续丰富社群活动、根据粉丝反馈优化内容、通过付费流量增加曝光……

例如，"丽江石榴哥"主动跟顾客说"可以讲点价"，"乡村胡子哥"风卷残云般地享受美食，用衣袖擦去胡子上挂着的水珠，这样的互动会让粉丝觉得主播就像自己身边的朋友、同事、家人，感觉亲近、可靠。

深入思考以上问题并探求答案，不仅有利于我们从销售思维转向主播思维，还能帮助我们明确人设定位及发展方向，使我们快速成长为一名优秀的农产品电商主播。

2.2 农产品是"货"

无论是传统电商还是直播电商，"货"都是核心要素。农产品电商的"货"是指农产品，不仅包括大米、小麦、花生、牛肉、猪肉、鸡蛋等常见的农产品，也包括各地的土特产、手工艺品等，甚至包括各地的风土人情、美景美食等。

不要简单地认为农产品电商带的货就是某个地区、某个省份、某个乡镇的土特产，就算没有土特产，也可以寻找其他货源。这些货既可以是传统手工艺品，如皮具、竹编、草编、手工刺绣、蜡染、木雕、泥塑、剪纸、服饰、玩具、铁锅、银器等；也可以是农民自己吃的、用的，如水果、蔬菜；还可以是当地的风俗、美景、美食，如乡村旅游、民宿等。

2.2.1　地域特产

地域特产俗称"土特产"，是指某地特有的或特别知名的产品。一直以来，地域特产因为受到地域限制往往很难走出本地市场，难以在全国形成影响力。如何让珍贵的家乡特产走出本地？如何把家乡特色分享给更多的人？这些问题一直困扰着广大农民。

地域特产一般分为两种，一种是指某地特有的农产品，如陕西的柞水木耳、周至猕猴桃、阎良甜瓜等；另一种是指某地特别知名的、极具特色的农产品或手工艺品，如绍兴黄酒、黄岗柳编等。

地域特产开发——重庆火锅底料

重庆被誉为"火锅之都"，重庆火锅的灵魂就是底料。对外地朋友来说，如果想很方便地品尝重庆火锅，只需要购买一袋真空包装的重庆火锅底料。

重庆火锅底料的食材以豆豉、干辣椒为主，口味以麻辣为主。

目前比较知名的重庆火锅底料品牌有桥头、德庄、小天鹅、秦妈、秋霞、周君记、乾宗、嗨渝厨、红九九等。

地域特产一般在本地已经有了一定的影响力，甚至已经形成了具备一定规模的产业。但是，这并不意味着直接把产品放到网上销售就可以获得成功，还需要做好产品开发和营销工作。

首先要做好供应链开发。无论是自己生产还是寻找供应商，都必须保证产品质量好、品相佳。

其次要设计适合物流运输的包装。物流是电商运营的核心环节，收到的货品是否完好是消费者十分看重的因素。因此，设计出能够经受长途跋涉、运输颠簸的包装，确保消费者收到完好无损的货品，是一项非常重要的工作。

最后要借力乡土文化进行营销。地域特产的背后是本地乡土文化的特色，只有结合乡土文化对地域特产进行宣传，才能让消费者看到地域特产的魅力，进而打动消费者。

总之，如果想当然地认为只要把在本地非常受欢迎的地域特产放到网上销售，就一定可以打造出"爆款"，那么未来的农产品电商之路必然会走得十分艰难。只有围绕地域特产做好全方位的开发与包装，才能使其走出本地，走向全国乃至全世界。

2.2.2 自产自销

自产自销就是自己生产、自己销售。在农产品电商领域，自产自销一般是指农民除了食用、使用自己生产的各种农产品，还会拿一部分去销售。直播使农民自产自销变得更加便捷。

自产自销的农产品具有新鲜、原生态等优势，如果深入挖掘农民在生产过程中创造的独特生产环境，还可以从口感、外形等方面打造农产品的独特卖点，如图 2-1 所示。

自产自销的农产品很容易受到季节及气候的影响，经常会出现无法及时供应的情况。例如，某农民主播在直播间销售了 1 000 斤自家产的猕猴桃，但是在采摘的时候发现成熟的猕猴桃只有 600 斤左右，这就导致 400 斤左右的猕猴桃无法及时发货。这种情况会对主播的口碑产生一定的影响。另外，自产自销的农产品往往品类单一，种苹果的只能卖苹果，养鸡的只能卖鸡肉和鸡蛋，无法满足消费者的多样化需求，进而导致目标市场较小。尽管存在这些问题，但在农产品电商发展的初级阶段，自产自销依然是主流模式。

a）　　　　　　　　　　　　　　b）

图 2-1　自产自销的农产品

在自产自销模式下，主播可以直播自己在田间地头劳作的情景，一方面可以通过展示劳作的艰辛和快乐吸引众多的粉丝，另一方面可以通过这些情景让消费者对主播销售的农产品产生更加直观的印象，使其建立对主播的信任。

此外，直播带货的销售对象基本都是终端消费者，他们对农产品的品质和发货速度往往要求比较高。因此，主播一定要严把质量关，凭借自产自销的优势，对农产品质量负责到底。例如，如果碰到消费者收到的货品破损等情况，一定要及时补发，切勿为一时小利毁掉口碑。

2.2.3　风俗美景

我国地大物博，区域差异明显。不同地区的差异体现在各个层面，如生态环境、村庄外观、生活方式、生产模式、历史传统、风俗习惯等。这些各具特色的风俗人情、乡村美景对居住在城市里的人们来说有很强的吸引力，他们会因为好奇而关注，而从小生活在农村、现在居住在城市里的人们则会因为情怀而关注。

近年来，近郊乡村旅游逐渐成为人们假期旅游的热门选择之一。2019年，全国乡村旅游总人次为 30.9 亿人次，乡村旅游总收入为 1.81 万亿元。艾媒咨询发布的《2020 年中国乡村旅游发展现状及旅游用户分析报告》显示，乡村旅游用户对"舒适的自然环境""独特的风味美食""合理的旅游价格"关注度比较高，原始自然风景、民俗文化、特色农产品则是乡村旅游的主流产品。

数据显示，59.06% 的乡村旅游用户通过身边的亲朋好友推荐这种传统方式获取旅游信息，55.56% 的乡村旅游用户通过抖音、微博、微信朋友圈等社交媒体渠道获取旅游信息。短视频、直播的兴起为乡村旅游的宣传推广提供了更加便利的条件，再偏远的乡村都可以通过短视频和直播展现当地的风土人情、民俗文化、田间风景、特色美食等，促进当地旅游业的发展。

以风俗美景为"货"的主播需要特别注意个人形象及周围环境的打造，既要展现乡村特色，又要显得干净利落，能够展现新农村、"新农人"的形象。

2.2.4 手工艺品

传统手工艺是传统文化的重要组成部分，传统手工艺品则是融入各地人民生活点滴的极具当地特色的产品。然而，由于受到地域、风俗、经济与社会发展的影响，绝大多数手工艺品都被"困"在原地，难以走进更多的现代家庭。直播电商的快速发展，让传统手工艺品也有了更加广阔的发展空间。

2019 年，国家发展和改革委员会等七部门联合印发《关于促进"互联网＋社会服务"发展的意见》，鼓励通过新技术推动文化遗产的跨界融合项目，丰富线上线下相融合的消费体验。2019 年 4 月，抖音推出"非遗合伙人"计划，在一年时间内通过短视频和直播帮助 5 位非遗传承人实现年收入超百万元，有 40 多位非遗领域的创作者收获了百万粉丝。2020 年 10 月，抖音推出"看见手艺"计划，旨在通过短视频、直播展示传统手艺人制作的手工艺品及工艺流程，为传统手工艺品拓宽销售渠道，为传统手艺人增加收入。在"看见手艺"计划的扶持下，紫砂、篆刻、瓷器、炒茶、核雕、皮雕、炭画、银饰等传统手工艺走进直播间，在展示、传承技艺的同时促进了手工艺品的销售。

政策的支持和平台的扶持为传统手工艺品打开了新的市场空间，也为传统手艺人带来了新的收入来源。

2.3　农村是"场"

无论是传统电商还是直播电商，场景和表现力都非常重要。农产品电商的"场"即农村，例如，"我在农村做美食""我在农村养萌宠""我在农村养鸡养鸭"之类的短视频作品均以农村为场景。

在观看直播和短视频时，绝大部分用户都会被自己没有见过的东西所吸引。例如，有人直播用鸡腿钓螃蟹，直播间里有几万名观众，这主要是因为他们在现实中没见过这种事情。因此，场景化是指迎合人们"长见识"的需求。对久居城市的人们来说，生产农产品的田间地头、猪圈鸡舍可以是"场"，农作物、家禽家畜的生长过程也可以是"场"，农村美食的制作过程还可以是"场"。为农产品电商设计场景时，我们只需要回答一个问题：我们能在农村这个场景中做什么？只要找到了这个问题的答案，就找到了最适合自己销售的农产品的"场"。

2.3.1　农产品电商常见的"场"

农产品电商常见的"场"有两种，一种是原生态的乡村直播间，另一种是由政府、企业打造的共享直播间，如图 2-2 所示。

a ）　　　　　　　　　　　　b ）

图 2-2　农产品电商直播间

（1）乡村直播间

乡村直播间分为两种，一种是乡村原生态、青山绿水的自然环境，既可以是田间地头，也可以是房前屋后；另一种是乡村农作场景，例如，果农在果林中摘果子，菜农在菜地里除草等。乡村直播间的场景一般追求原生态，不需要过多的修饰、包装，自然展示乡村的真实场景即可。这种真实更容易让观众产生身临其境之感，获得沉浸式的体验，如图 2-3 所示。

a ）　　　　　　　　　　　　b ）

图 2-3　乡村直播间

（2）共享直播间

共享直播间是指由政府、企业打造的助农直播带货场景，用于对某一区域的农产品进行集中推介，这样既能突出农产品自产自销、原生态的独特优势，又可以实现产品种类多样化，满足不同用户的需求，如图 2-4 所示。

a）　　　　　　　　　　　b）　　　　　　　　　　　c）

图 2-4　共享直播间

一般来说，共享直播间设置在农产品基地、农贸市场，这样更有利于供应链对接。有一些共享直播间设置在田间地头或乡间小路上根据直播主题临时搭建的集市、展示厅等处。

2.3.2　如何设计农产品销售的"环境场"

农产品销售的"环境场"是指直播间的位置、背景、装饰等环境设计。

首先，直播间最好设置在原产地，农作物的种植、成长过程及农产品的生产加工过程是对农产品最好的背书。其次，如果直播间的背景是自然环境，就不需要考虑装饰；如果是室内直播间，则要因地制宜并根据直播主题进行适当的装饰。例如，陕西美食直播间的背景一定要突出陕西乡村的特点，如图 2-5 所示。

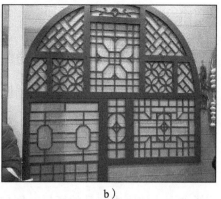

a）   b）

图 2-5 陕西美食直播间

　　我在泾阳曾经看到当地合作社把猪圈改造成农产品直播间，如图 2-6 所示。

a）   b）

图 2-6 猪圈改造的直播间

　　淳朴的农民对美好生活的向往激发出他们无限的创意，虽然没有人告诉他们直播应该怎么做，但他们因地制宜地打造出了漂亮的直播间。很多农民主播还会根据每期主题给墙面刷上不同的颜色，布置不同的装饰物。

2.3.3 如何设计农产品销售的"产品场"

农产品销售的"产品场"是指围绕直播间销售的农产品设计的场景、动作，其作用是提升用户体验。

"产品场"的设计首先是围绕产品本身展开的，最常见的有试吃、试用等。主播既可以直接进行试吃、试用（见图2-7），也可以通过设计好的剧情演绎食用或使用农产品的场景，例如，主播可以用刚从山上挖出来的春笋烹饪特色美食。

a）   b）   c）   d）

图 2-7　农产品试吃场景

此外，主播还可以通过直播展现农产品种植或养殖、生产加工、包装的过程，增强真实感，让观众对农产品有更深入的了解，增进他们的信任，如图 2-8 所示。

a) b)

图 2-8　农产品生产加工场景

农产品销售的"产品场"设计主要就是围绕农产品设计一些场景，让用户可以在观看直播、短视频的过程中更加直观地了解农产品，产生想要品尝或使用的愿望。

第 3 章

预热宣传：通过短视频吸引自然流量

3.1 三农短视频账号定位

在乡村振兴、扶贫助农的大背景下，短视频平台逐渐加大了对三农内容的扶持，越来越多的创作者开始涌入三农赛道。无论是土生土长的农民还是返乡创业的"新农人"，要想在三农赛道上脱颖而出，就必须明确账号定位，打造独特的人设。

3.1.1 平台定位：如何选择短视频平台

短视频运营的第一步是选择合适的平台。对新手来说，同时入驻多个平台其实并不是明智的做法。一方面，精力是有限的，在还不熟悉短视频运营技巧的情况下同时入驻多个平台很容易顾此失彼；另一方面，不同平台的用户定位、运营规则都有所不同，如果将同一条视频发布到多个平台上，很可能会出现各个平台的反响都不理想的情况。因此，在入驻短视频平台之前，必须了解不同平台的定位和属性，结合自身的特色和优势选择一个最适合自己的平台作为主阵地，其他平台作为补充。

短视频平台有很多，如抖音、快手、微信视频号等，其用户定位、内容特点及三农领域关注度如表 3-1 所示。

表 3-1　主流短视频平台对比

平台	用户定位	内容特点	三农领域关注度
抖音	来自一、二线城市的年轻用户居多，消费能力强	内容涉及领域较广，各种类型的内容都有，对视频的画质要求比较高	针对三农领域频繁推出扶持措施，创作者以返乡创业青年为主
快手	三、四线及以下城市用户占比高达 64%，"小镇青年"是消费主体	强调真诚、真实的"原生态"，搞笑段子、生活日常、创意类内容较多	扶持三农领域的内容创作，助力三农内容创作者变现，创作者以一线农人为主
微信视频号	依托微信，朋友圈重度用户是消费主体	知识科普、美食制作、感人情节、生活故事等凸显身份及价值的内容较多	以扶贫、乡村振兴为主要话题，对三农内容创作者扶持较少

除了以上 3 个流量较大的短视频平台，还有头条小视频、抖音火山版（原火山小视频）、好看视频、全民小视频等短视频平台。其中，头条小视频、抖音火山版和抖音一样，都是字节跳动旗下的短视频平台。头条小视频镶嵌在今日头条 App 中，用户将抖音账号与今日头条账号绑定之后，在抖音平台发布的短视频可以直接同步到头条小视频。抖音火山版的定位和主要用户群体与快手类似，用户在抖音绑定第三方账号之后，也可以将在抖音平台发布的短视频同步到抖音火山版。好看视频和全民小视频都是百度旗下的短视频平台，它们依托百度的庞大流量，用户量也比较可观。

对三农内容创作者来说，首先从流量较大的三大平台中选择一个更符合自身需求和使用习惯的平台入驻，然后根据发展需要布局矩阵，是比较稳妥的做法。

3.1.2　赛道定位：如何确定短视频题材

大量的短视频账号在三农赛道上奔跑，但是真正实现快速突围的往往是那些能够根据自身优势抢占细分赛道的账号。三农赛道根据创作题材的不同，可以进一步分为以下四个细分赛道。

（1）农人自播

农人自播短视频的题材通常分为两种：第一种是美好的农家生活，短视频内容大多都是原汁原味的乡村生活、风土人情；第二种是农产品，短视频内容有的是介绍家乡的标志性土特产，有的是介绍自己种植或养殖的农产品。

（2）三农＋美食

"三农＋美食"短视频的题材主要是在农村场景中制作各种美食，再结合农村优美的田园风光，传递给观众一种远离压力、轻松自在的情绪。无论是极具地方民俗色彩的年夜饭还是农民土灶上的一日三餐，无论是农家小院的厨房还是田间地头用石头砌的锅灶，只要真实、有趣，就是非常不错的题材。

（3）三农＋创意

"三农＋创意"短视频的题材主要是通过很有创意的方式展现不一样的新农村生活。例如，将现代元素融入传统手工艺，展示极具创意的手工艺品；利用现代技术改造房子、田地，在保留乡村特色的同时呈现新农村风貌。这类题材对创意、技艺要求比较高，非常适合返乡创业的"新农人"。

（4）三农话题

随着三农赛道热度的提升，短视频平台经常会推出三农相关话题，如"＃新农人计划2022""＃2022农技人计划"等。创作三农短视频的新手找不到灵感的时候，只要搜索平台相关的热门话题，就能看到很多优秀的短视频，然后从中找一个比较适合自己的进行模仿创作，这不失为一种快速上手的办法。随着经验的不断累积，创作者就能以热门话题为题材，加入自己的创意进行创作。

 三农短视频账号的拍摄方向

　　如果你喜欢田园生活，可以学"田园刘娟"，以视频加配音的方式展现诗意生活。

如果你有一个农村小院，可以学"小鱼儿夫妇"和"柠檬夫妻"，做小院改造。

如果你特别喜欢聊天、讲故事，可以学"刘当当"，讲述当地生活，唤起现代人的怀旧情绪。

如果你喜欢农家生活、农村美食，"乡愁沈丹""康仔农人""闲不住的阿俊""潘姥姥"等账号都可以为你提供创作灵感。

如果你特别会种菜，可以学"贝贝她大妈农场"和"王静"，分享种菜心得，卖蔬菜种子。

如果你喜欢传统手艺，可以学"山里小木匠"和"山里木匠老戴"，将短视频账号定位于传承传统手艺，不一定非要自己做，亲戚朋友甚至熟人会做并且愿意配合你拍摄短视频就可以。

如果你是一个时尚达人，审美水平较高，你可以做下一个"陆仙人"，在农村举办时尚走秀活动。

如果你喜欢画画，可以学"刘小备"，在农村做墙绘。

如果你是返乡创业、助农的大学生，可以学"山西姑娘在助农""甘肃娃娃在助农""西北娃贝贝"等账号，着力打造助农创业新人形象。

3.1.3　选题定位：创作什么类型的短视频内容

很多人在做短视频选题策划时首先考虑的因素是流量，但这是一种错误的思路。选题的本质是内容，而好内容自带流量。

三农短视频账号常见的风格及内容如表 3-2 所示。

表 3-2　三农短视频账号常见的风格及内容

风格	出镜人数	拍摄难度	内容
真人出镜	1 人（最多 3 人）	低	三农、知识、测评、评论、新闻

（续表）

风格	出镜人数	拍摄难度	内容
过程展示	1人口述	中	制作、改造、维修、科普
叙事Vlog	演员＋口述	中	情感、旅游、生活
故事小剧场	不限	高	情感、幽默、娱乐
创意表达	不限	根据实际情况而定	幽默、炫技

在做选题策划时，建议先分析至少10个同类优秀账号的选题角度，多看一看同领域热门短视频的评论区，或者跨平台搜索同领域的热门问答，从中寻找灵感。以拥有2 000多万粉丝的"乡愁"为例，其短视频的选题角度基本都是农村的真实生活，既不搞笑也不夸张，简简单单的镜头容易让观众产生很强的代入感并与画面中的人物产生共鸣。

💡 三农短视频选题的五大类型

（1）农村生活

农村生活类短视频要能生动地展现农村的节日、日常生活及风俗，主题要突出，内容要完整，可随手拍摄。人物属性一般比较突出，要有真人出镜，要有互动的镜头。短视频要做一定的剪辑，画面要比较精美。

（2）农业生产

农业生产类短视频的内容主要包括农业生产技术分享、农业技能展示、农业成果展示、农业机械的操作展示等。这类短视频一般会重点展示推进农业生产的过程或专业的技术内容。例如，展示大棚种植技术时，重点可以放在详细的技术介绍上面，不能随手拍摄。

（3）农村美食

农村美食类短视频的内容主要是介绍农村特色美食或展示农村特色

美食的制作过程。美食制作过程要完整，拍摄环境要突出乡村的特点。美食制作全过程既可以做成一条短视频，也可以做成好几条短视频，但在标题中要注明。视频剪辑要有技巧，配乐要结合主题。需要注意的是，优秀的农村美食类短视频一般不涉及农村吃饭随手拍之类的内容。

（4）农村风景

农村风景类短视频的内容主要是介绍农村特色风景及特色乡村，或者展示新农村面貌。这类短视频一般主题明确，画面要突出田园风光的特点和魅力，让观众产生对田园生活的向往。

（5）赶海野钓

赶海野钓类短视频的场景一般在海上、海边、河边、湖边等，如出海捕鱼、农村休闲野钓等。这类短视频要突出环境的真实性，要善于捕捉过程中的亮点，让画面更有冲击力。

3.1.4 人设定位：如何设计个人 IP

IP 是 Intellectual Property 的首字母缩写词，本意为"知识产权"，后来逐渐引申为能够凭借自身吸引力获得流量的知识产权品牌、个人品牌或产品品牌。一个好的 IP 可以穿越很多形态和载体，既可以拍成电影、写成书、做成玩具，也可以拍成短视频。像孙悟空、白雪公主这些知名 IP 都经过了岁月的洗礼，被一代又一代的人所喜欢。每个优秀的 IP 都代表着某种价值观。

要想明确人设定位，就要持续打造自己最有特色的标识。不妨从用户的角度思考两个问题：茫茫人海，为什么我一眼就能看到你？茫茫人海，为什么我一眼就能记住你？在短视频中打造人设的主要目的是输出价值观，用清晰的人设告诉用户为什么要看这个短视频、为什么要购买这个短视频推荐的产品。换句话说，就是将主播的名字、容貌、举止、装扮、声音、职业等显著特征深深地植入粉丝的脑海。因此，要想在短视频中打造个人 IP 就一定要露脸，美不美并不是最重要的问题。

清晰的人设定位是打造个人 IP 的起点，明确人设定位的具体步骤如下。

（1）自我提问并思考

 明确人设定位时要问自己的问题

我最擅长做什么？

我的职业是什么或有什么具有代表性的标签？

我对什么事物比较敏感？

我有什么优势？

我的兴趣是什么？

我热爱并愿意为之付出的是什么？

（2）从自己擅长的领域出发

短视频运营的关键是放大自己的才华或闪光点，它们既可以是自己的职业，也可以是自己的兴趣爱好。一定要选择一个自己擅长、可以持续创作的领域。

（3）设计"视觉锤"

在生活中我们面对的常常是熟悉自己的人，所以我们不需要通过场景、穿着、装扮等刻意展现自己，别人可以通过其他方式知道我们的职业和特点。但在短视频平台的公域流量中，观众不可能只看一眼就了解我们，所以我们要设计醒目、独特的"视觉锤"，让别人快速记住我们。

（4）双重加持

我们在塑造人设的时候，一定要学会给自己的人设进行"双重加持"，如很会画画的数学老师、说话很有趣的火锅店老板、很会讲故事的工程师等。这种形象和身份上的"双重加持"能让人设更有吸引力，也更容易被人记住。

完成以上步骤之后，我们基本上就能够设计出一个贴合自身特色、优势的人设，但我们还需要通过一系列关键动作不断强化人设，打造个人 IP。

💡 打造个人 IP 的关键动作

（1）分享自己的真实故事

无论是文字叙述还是画面呈现，无论是小说、漫画、电影还是电视剧，都是在讲故事。故事对人具有天然的吸引力，而最能打动人心、引起共鸣的故事一定是真实的故事。这一点对打造个人 IP 来说尤为重要。分享故事时首选成功的故事，这类故事更有吸引力，但成功的故事里面最好融入失败的经历，失败之后的辛酸和挫折、如何走出谷底等情节更容易打动人心、引发共鸣。

（2）输出价值

人设要基于健康的价值观，要输出对粉丝有用的技巧、知识、感悟等，或者帮助粉丝解决实际问题。如果可以把枯燥的知识、技巧讲成大家喜闻乐见的段子，就能实现寓教于乐的效果。

（3）在垂直领域做精品

内容永远是 IP 打造的核心。要想在很短的时间里超越竞品，形成自己的差异化优势，增强粉丝的黏性，就要在方向上做减法，深入某个垂直领域进行创作，同时在输出上做加法，制作更加精致、精美的短视频。

3.2 三农短视频账号快速起号"七步法"

起号是指通过一定的策略实现新账号流量的快速增长，这是一个短视频账号从注册到成熟的过程，也是短视频账号撬动流量的起点。

3.2.1 完成认证

很多人在短视频平台上用手机号注册一个账号后就开始拍摄、发布短视频，这种做法对处于尝试阶段的创作者来说是没问题的。不过，对想要快速起号、变现的创作者来说，完成认证是比拍摄短视频更重要的一步。

这里所说的"完成认证"可以细分为完成实名认证和开通商户界面两个环节。下面以抖音为例进行介绍。

（1）完成实名认证

实名认证即身份认证，包括个人实名认证和企业实名认证。做个人实名认证需要上传身份证，然后选择人脸识别或人工审核，通过后即可完成认证（见图3-1）。做企业实名认证则需要上传营业执照开通企业号，然后进行对公打款验证或真人审核识别，通过后即可完成认证。

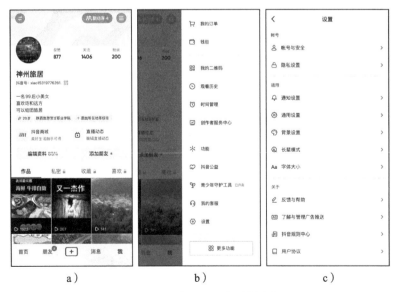

a)　　　　　　　b)　　　　　　　c)

图 3-1　实名认证过程（抖音）

d）   e）

图 3-1　实名认证过程（抖音）（续）

完成实名认证就相当于获得了平台官方盖章的名片，这既可以增加账号的可信度，又有机会获得平台的更多推荐流量。最重要的是，完成实名认证后遇到账号被盗的情况时更容易找回账号。

（2）开通商户界面

开通商户界面对短视频账号变现来说是必不可少的一步。在抖音上，商户界面主要包括商品橱窗和抖音小店。如果只做短视频带货，那么只需开通商品橱窗；如果还做直播带货，就需要同时开通商品橱窗和抖音小店。

商品橱窗即通常所说的"小黄车"，开通步骤如图 3-2 所示。

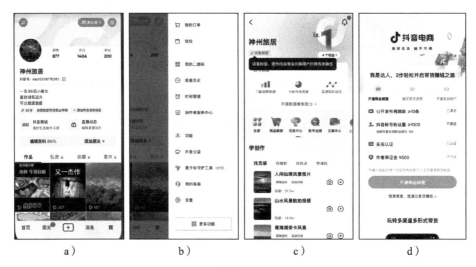

图 3-2　开通抖音商品橱窗的步骤

　　开通抖音小店的方法与开通商品橱窗的方法大致相同，都是先进入"创作者服务中心"页面，然后进入"商品橱窗"页面，在"商品橱窗"页面的"常用服务"中点触"开通小店"按钮，即可进入申请开通页面。抖音小店的入驻主体既可以是个人也可以是企业，个人一般需要准备身份证、银行卡等，企业一般需要准备营业执照等。此外，还需要准备几千元到 1 万元不等的保证金，保证金在退店时可以退还。

3.2.2　活跃账号

　　活跃账号是指账号注册完成之后通过刷同类优秀短视频及点赞、评论、关注账号等方式让账号活跃起来，使平台快速识别账号，从而提升账号的初始权重。初始权重越高，账号从平台得到的推荐流量就越多。

> 💡 **活跃账号的关键动作**
>
> （1）保证"一机一卡一号一身份证号"，刷短视频的时候尽量不要用

Wi-Fi，而要使用手机流量，这样做可以让平台更快地识别账号相关信息。

（2）在不同的地方连续刷同类短视频 7 天。

（3）无论点赞、评论还是关注账号，都要先看完短视频再操作，避免被平台判定为"浏览者"。

（4）要发评论就一定要认真写，不要随便写两个字甚至两个标点符号，"神评论"有时候比短视频本身更有吸引力。

（5）如果有人回复、点赞你的评论，就一定要及时回复，通过互动提高评论热度。

（6）每天都要刷推荐页面的短视频至少 1 小时，这些短视频大多都是上过热门的作品，刷这些短视频不仅更容易发现同类优秀作品，还可以"蹭热度"。

3.2.3　完成账号"基础建设"

绝大多数用户在刷到一条自己喜欢的短视频时会进入账号主页，对该账号做进一步的了解，以决定是否成为其粉丝。因此，我们要对账号进行"基础建设"，尽可能把进入我们账号主页的用户变成我们的粉丝。

账号"基础建设"的"五件套"

（1）背景图

背景图又称头图，是账号的核心展示区域，也是个人或企业的名片。背景图要能体现账号定位。

（2）头像

个人账号的头像最好是真人出镜的单人照片，如果不想放个人照片，也可以选择与本人形象比较接近的漫画头像。企业账号可以使用品牌或公司的标识。头像要力求简约，一定要清晰，切忌用模糊不清的图片做头像。

（3）名称

个人账号的名称尽量不要直接用产品或服务的名称，企业账号则可以这样操作。无论是个人账号还是企业账号，都可以使用"地域标签＋行业标签＋简单易记的昵称"的方法取名，如"陕西卖苹果的雷哥"。我的抖音账号名称是"西邮赵小赵－做最有温度的大学老师"，"西邮"是西安邮电大学的简称，是我身上最显著的标签，也是我的工作单位；"做最有温度的大学老师"是我的愿望，我希望在细分领域成为第一，让大家看一眼就能记住我。人们普遍的认知习惯是更容易记住第一名，而不是第二名、第三名。

（4）简介

简介要能简单明了地介绍账号的定位和方向，告诉用户该账号的特点、能给用户带来什么。例如，我的抖音账号简介是"西安邮电大学教师，陕西直播产业研究院执行院长，西安邮电大学乡村振兴数字电商学院副院长；走过西北 127 个县域，培训 3 万余名三农学员；团队矩阵粉丝破 5 000 万；把课堂搬进田间地头，把论文写在三秦大地上……"

（5）作品

账号首页会展示一些作品，用户会通过这些作品对账号的类型、风格进行初步判断。因此，这些作品的风格最好保持统一，让观众一眼就能看出该账号属于什么类型，作品风格是不是自己喜欢的。此外，流量比较大的热门视频一定要置顶，这些视频就像代表作，是观众对账号做更深入了解的快速通道。

如果在进行账号"基础建设"的过程中遇到困难，不知道该怎么选图、怎么写简介，建议找 3~5 个同类账号参考。

3.2.4　参照对标账号拍摄短视频

快速起号与发布多少作品没有关系，而是与作品的好坏有关系。一条"爆款"短视频也许就能涨粉上千、上万甚至上百万，而低质量的作品发布再多也可能一个粉丝都涨不了。

不少人认为一定要有专业的设备和拍摄团队，主播必须是俊男靓女，才能拍摄出好的短视频。事实上，优秀的短视频首先要有明确的定位，其次要能输出有意思、有亮点、能获得认同的故事或价值观。我们经常会发现很多火爆的短视频其实制作没有那么精美，只是用手机拍摄的，但它们记录了平常生活中让人感动的一刻，让用户产生了共鸣。有时候，华丽的辞藻比不过平实无华的记录。短视频弱化了视频制作的专业性，降低了制作门槛，让内容超越形式走进了寻常百姓家。

要想做出好的内容，就要靠近竞争对手。一群人在一起讨论很久可能都无法讨论出好的方案，更高效的方式往往是盯紧同类账号，研究它们的内容、风格是怎样的。对新手来说，参照对标账号中点赞数最高的短视频，依葫芦画瓢进行模仿创作，然后融入自己的思想、观点、故事，就能做到八九不离十。如果再掌握一些拍摄技巧，就能逐步提升短视频质量，慢慢形成自己的风格和竞争力。

💡 三农短视频拍摄六大技巧

（1）构图是关键。好的构图可以让观众产生更强的代入感，让短视频讲述的农家故事更吸引人。

（2）防抖不可少。稳定的画面可以让短视频显得更加专业。

（3）懂得用运镜。推、拉、摇、移等运镜手法能让观众带着我们的思想看我们的短视频，更容易理解我们想要表达的内容，更容易产生共鸣。

（4）善于借光线。学会利用光线制造氛围，让画面更好看，寓意更明显。

（5）剪辑能加分。充分借助剪辑软件增强短视频的内容逻辑性和画面表现力。

（6）时长要控制。起步时，短视频时长尽量控制在1分钟以内，不要超过2分钟，等到能熟练撰写脚本之后，可以将时长逐渐增加到3~5分钟。

3.2.5 发布作品

在快速起号阶段，发布作品是一个看似简单却暗藏玄机的关键动作。在发布作品之前，我们必须了解平台的审核机制。

以抖音为例，其审核机制是双重审核，即有两道门槛。第一道门槛是机器审核。机器审核是指通过人工智能算法对发布到平台上的作品进行审核。每天发布到平台上的海量作品如果全靠人工审核，显然是不现实的，不仅效率低，还容易因为个人好恶产生误判。在海量数据样本特征基础上形成的人工智能算法，可以对作品的画面、文案、音乐等关键元素进行识别，判断是否存在违规行为，并将作品与数据库中的样本进行匹配，判断是否存在抄袭等行为。如果机器审核的结果是可能存在违规行为，作品就会被拦截并交由人工审核。之后，平台会提供详细的违规提示，发布者对作品的违规部分进行修改之后即可再次发布作品。如果机器审核的结果是判定作品存在重复、抄袭等嫌疑，那么有时作品虽然可以成功发布，但平台只会进行低流量推荐或降权推荐。

第二道门槛是人工审核。机器审核通过之后就会进入人工审核环节，审核人员会对作品的标题、封面、视频关键帧等细节进行审核。尤其是被人工智能算法判定为可能存在违规行为的作品，审核人员会仔细地逐一审核，并提出具体的建议或指导。对于严重违规的账号，审核人员会根据抖音平台的相关规定进行删除视频、降权通告、封禁账号等处罚。

💡 抖音降权的几种方式

（1）仅粉丝可见

作品质量太低、内容领域不垂直或曾发布过与作品无关的广告的账号再次发布作品时可能会被抖音平台进行"仅粉丝可见"的降权处罚，这意味着平台不再给该作品分发流量。但是，该账号仍可以正常使用，只要在一段时间内发布内容领域垂直的高质量作品（即通常所说的"养号"）即可解除处罚。

（2）进行处罚警告，但并未封禁

如果账号违规行为较轻，如作品内容重复率较高，那么抖音平台会进行处罚警告，但不会封禁账号，账号依然能正常使用。不过，运营者要保持警惕，避免再次违规。

（3）仅自己可见

受到"仅自己可见"的降权处罚意味着作品看似发布成功了，但没有真正进入平台的流量池，除了发布者，没有任何其他人可以看见该作品。这种处罚已经比较重了，通过"养号"解除处罚可谓机会渺茫。遇到这种情况时，建议注销账号，重新注册一个账号进行运营。

（4）对于连续违规的账号，进行封禁甚至清除

封禁、清除账号是最严厉的降权处罚，不仅账号无法正常使用，而且与账号相关的信息也会被加入"黑名单"，包括手机号码、身份证号码或营业执照等，甚至用于登录账号的设备也会进入"黑名单"。也就是说，即使运营者注销该账号，也无法再用相同的证件甚至同一部手机注册新账号了。

对新注册的账号来说，发布的作品不符合平台规范导致账号被降权可谓"致命打击"。因此，在发布作品之前一定要对作品进行全方位的审查，努力提高内容质量。

💡 低质量内容

（1）出镜的人着装不整洁，产品不卫生。

（2）画面杂乱、不清晰、色调昏暗，无法看清视频的主要内容。

（3）出现血腥、密集等画面，让观众感到不适。

（4）背景声杂乱、盖过人声，导致人声听不清。

（5）口播内容杂乱冗长、听不清楚，观众无法识别有效信息。

（6）产品介绍口播内容疑似盗用音频，而且与产品本身毫无关联。

（7）没有任何创意的图片视频。

低质量作品发布过多不仅会被平台限流，还容易被用户当成营销号，丢失好不容易获得的流量。因此，发布作品之前一定要了解平台审核机制，拍摄符合平台规范的高质量作品。

发布作品时要填写好相关信息，重视"发布作品的五大要素"，即：标题要爆（抓住用户刷到视频的黄金3秒），文案要满（建议写50字以上），标签要准（使用合适的标签），位置要热（定位于热闹的位置），封面要辣（抓住用户眼球，提升流量）。此外，发布作品的时间也要注意，建议尽量选择用户的休息时间发布作品。如果是工作日，在 6 点到 9 点、11 点到 14 点、17 点到 19 点、21 点以后这 4 个时段发布作品比较好；如果是休息日，那么全天任意时段都可以发布作品。

发布几个作品之后，我们就能大体掌握粉丝的喜好。接下来要做的是参考点赞数较高的作品持续拍摄新作品，不断提升作品质量。

3.2.6 吸引算法流量

算法流量是指作品发布之后由平台算法推荐的初始流量，它由两个部分组成：一部分是该账号的粉丝，不过算法一般只把作品推送给 10% 左右的粉丝；另一部分是可能对该内容领域感兴趣的用户。对尚处于起号阶段的新账号来说，粉丝这个部分的初始流量几乎为零。因此，掌握平台的算法逻辑，尽可能创作大部分用户喜欢的作品，才是吸引算法流量的关键。其中，4 个维度和 1 个权重是我们必须了解的。

💡 4 个维度和 1 个权重

（1）4 个维度：完播率、点赞率、评论率、转发率

完播率是指点开短视频之后完整地看完短视频的用户占比。

点赞率是指观看短视频的同时进行点赞的用户占比。

评论率是指观看短视频之后发表评论的用户占比。

转发率是指观看短视频之后进行转发的用户占比。

一般来说，完播率高于 30%、点赞率高于 5%、评论率高于 0.5%、转发率高于 0.3% 的短视频表现比较好，可以进入下一个流量池。

（2）1 个权重：账号权重

账号权重是指账号是否属于优质账号的判定。通常来说，标签精

准、垂直度高、有辨识度、持续发布高质量作品的账号权重会更高。权重高的账号发布作品时更容易获得算法推荐，获得更多的算法流量。

3.2.7 经营垂直流量

发布的作品有了基础播放量以后，我们还要经营垂直流量。垂直流量是指符合目标用户特征的精准流量。

经营垂直流量最直接的动作是隐藏4个维度指标值都较低的作品，重复拍摄、优化4个维度指标值都较高的作品，提升内容的垂直度。提升内容垂直度的具体方法主要有以下两种。

（1）发起话题

发起话题，拍摄、发布系列作品是精准吸引粉丝，培养粉丝观看习惯和对账号依赖度的有效方法。例如，我发起的"赵小赵讲学生的故事"这个话题，在今日头条上已经获得了5 400多万的阅览量，这是我的头条号的显著标签。每个人都喜欢看故事，而不是喜欢看广告。因此，发起的话题不能营销意味太浓，否则会让观众产生抵触心理。

（2）围绕人设持续发布垂直内容

假设你是卖草莓的果农，那么你发布的内容一定要与草莓相关，如"怎么判断草莓是否打了催熟剂""怎么选择汁甜肉满的草莓""草莓应该如何保存""草莓的神秘吃法""怎样才能把草莓种好"等。这样平台算法识别你的账号时就比较容易给你的账号打上准确的标签，把你发布的作品推送到你专攻的垂直领域，你就能吸引到目标用户。

通过以上7个步骤，基本可以实现快速起号。当然，在积攒了一定的粉丝后，就要想办法留住他们、转化他们。

3.3 三农短视频创作技巧

优质的内容永远是短视频运营的核心。那么，如何创作出高质量的三农短视频呢？这就要从拍摄要素、标题、脚本、构图、拍摄、剪辑、创作红线等维度进行全面分析，充分掌握高质量三农短视频的创作技巧。

3.3.1 三农短视频的拍摄要素

要想拍出高质量的短视频，就不能跟着感觉走，更不能随手拍，一定要提前确定拍摄方案。在确定拍摄方案之前，先要了解什么样的三农短视频才是高质量的。

> **高质量三农短视频的标准**
>
> （1）画面清晰、干净，场景不杂乱，镜头没有明显的抖动。
>
> （2）封面清晰、有看点，贴近视频主题。
>
> （3）背景音乐清晰、与内容匹配，不低俗。
>
> （4）标题与内容契合，简单明了。
>
> （5）视频画面饱满，没有明显的边框，以竖版为主。
>
> （6）视频时长一般长于 10 秒，不会为了延长视频时长而重复某个镜头或画面；内容完整，具有原创性，有明显的主题，符合三农特点。
>
> （7）题材有记忆点，形成了稳定、独特的内容风格，如农业技术科普、农村生活介绍、农村美食介绍等。
>
> （8）真人出镜，人格化属性突出。真人出镜有利于促进与用户的互动，但出镜人要言行得体，不能传播负能量。
>
> （9）品牌化经营，人格化表达。只有让大家第一时间记住你的个人IP，才能获得更大的影响力和更多的变现渠道。

下面重点介绍一下真人出镜。

对三农短视频来说，真人出镜可以带来更高的辨识度和更有效的记忆点，也能更好地体现主播对农村的感情。但是，真人出镜对有些人来说比较困难，他们平时说话时非常自然，但只要一面对镜头就开始紧张，甚至对着稿子都念不出来。如果出现这种情况，我们可以试着从以下几个方面进行调整，以克服恐惧镜头的心理。

首先，一定要平视镜头。无论是拍视频、照片还是做直播，平视都是最自然的角度。与镜头保持95厘米左右，这个距离可以让人看起来更加舒服自然。看向镜头的时候，可以把镜头想象成自己的朋友或爱人，尽量表现得自然一些。

其次，提前背好稿子，同时准备好提词器。只有背熟了稿子，主播才能有效地表达自己的情绪。如果稿子过长，建议在录视频的时候把稿子拆分成几段，一段一段地录。需要注意的是，无论稿子背得多熟，都要准备提词器，或者在旁边放一张白纸，在上面写好要点，以备不时之需。

再次，确定手放在哪里。这是很多人恐惧镜头的根源：一旦站在镜头前面，手似乎就是多余的，怎么放都感觉不舒服。这个时候，不妨选择一个有扶手的座椅，把胳膊自然地搭在扶手上。

最后，布置合适的光照环境。合适的光照环境会让人感到舒服。对于尚未完全掌握短视频拍摄要领的新手来说，不妨选择8点到10点或16点到18点这两个时段进行拍摄，这些时段的阳光一般会比较充足。如果家里的窗帘是白纱材质的，中午把窗帘拉上，也可以获得光线柔和的效果。如果在晚上拍摄，可以在主播右前方放一个60瓦的灯，左前方放一个柔光灯，正前方放一个补光灯，以提亮正脸。此外，反光板可以解决脖子色差的问题，在主播的身后放一个台灯可以让画面看起来更有层次感。

3.3.2　三农短视频如何拟标题

好的标题可以让短视频脱颖而出，让观众产生点开短视频一探究竟的冲动。

为短视频拟标题的常用方法

（1）对比法，例如，"比你优秀、比你帅气的人比你还努力""别人家的孩子"等。

（2）悬念法，例如，"万万没想到他是这样的人""万万没想到，这个地方 100 年后竟如此繁荣"等。

（3）疑问句，例如，"为什么要学习社群营销""如何才能快速掌握短视频运营技巧""月入 100 万元，他是怎么做到的"等。

（4）标签法，例如，"具备这几大特点，精英就是你了""打工者心态与创业者心态，原来就这一线之隔""甩掉强迫症，生活更轻松"等。

（5）故事法，例如，"相亲节目被灭 24 盏灯的小伙子，如今已经身价过亿"等。

（6）急迫法，例如，"你一定想知道的……""3 天教你成为……"等。

（7）必定法，例如，"幼小衔接必备""夏天一定不能给孩子吃这几种食物"等。

以上列举了为短视频拟标题的几种常见方法，随着时间的推移，流行的标题风格会有所改变，拟标题的方法也会随之改变。但不管趋势如何改变，按照规范做事都是基本法则，我们要密切关注平台发布的与标题相关的规范或要求，避免触碰红线。

💡 抖音标题规范

（1）标题中关于产品属性的内容应客观真实，并且与实际产品和产品详情页相关联。

（2）标题中禁止使用"国家级""最""第一""绝无仅有""万能"等刻意夸大或具有误导性的极限词。

（3）标题不得重复关键词或出现与产品名称、品类无关的关键词。

（4）标题中禁止出现"点击领红包""点击参加抽奖""点击看美女""你的通信录好友""Ta 正在关注你""530 万人看过"等引导用户点击的内容。

（5）标题中禁止出现售卖数量，如"20 片""5 包"等，禁止出现价格，如"20 元"等，避免对用户造成误导。

（6）标题中禁止出现促销信息，包括但不限于"满减""特价""清仓""包邮""秒杀"等，避免对用户造成误导。

（7）标题中的产品信息与视频中展示的产品必须一致（包括品牌、款式等）。

（8）标题中不得出现其他法律法规、平台规定禁止出现的内容。

3.3.3　三农短视频拍摄脚本

脚本是短视频创作的中枢，也是短视频拍摄的底色。撰写短视频脚本有一个"万能公式"：3 秒吸引 +10 秒留存 +15 秒转化。具体来说就是，前 3 秒要吸引用户的注意力，抛出最有吸引力的内容；接下来的 10 秒用对抗、意外、反转、悬念等亮点引导用户继续观看；最后 15 秒要主动出击，实现让用户点赞、评论、转发、关注账号的转化目的。

这个万能公式看似简单，但对尚未充分掌握短视频创作技巧的三农短视频创作者来说并不容易理解。我们在实际操作中还总结出了新手创作三农短视频的"小白级"流程：首先进行简单的自我介绍，告知该短视频的主题；然后把镜头转向家中，拍摄家人、乡亲之间的闲聊；接着制作一顿平常的农家饭，在家人的欢笑声中结束视频。这样的脚本只适合新手，等作品有了一定的流量之后就要不断地细化、优化脚本，创作更有内涵的作品。

> **💡 常见的三农短视频脚本模板**
>
> **（1）农村生活短视频脚本模板**
>
> 农村生活短视频 = 真人出镜打招呼 + 告诉粉丝今天要干的农活 + 日常活动记录 + 一天感受总结
>
> **（2）农村美食短视频脚本模板**
>
> 农村美食短视频 = 真人出镜打招呼 + 介绍今天要做的菜 + 食材准备 + 做菜记录 + 一家人吃饭的氛围
>
> **（3）农业技术短视频脚本模板**
>
> 农业技术短视频 = 真人出镜打招呼 + 介绍今天要讲解的知识和经验 + 结合农作物、养殖农畜实地讲解 + 总结
>
> **（4）户外场景短视频脚本模板**
>
> 户外场景短视频 = 真人出镜打招呼 + 进入深山老林、河沟湖泊 + 发现野货 + 捕捉野货 + 介绍抓到的野货 + 表达心情 + 后续处理

以上脚本尚且属于剧本的范畴，完整的短视频脚本不仅要有剧本，还要有分镜头、景别、拍摄手法、台词、时长等方面的说明。下面看一个例子。

"乡野小静的故事"短视频脚本

主题：讲述乡村主播的故事，带出乡村的美食、美景、人文和发展改变。

故事梗概：神仙豆腐制作全过程。

视频时长：成片 5~8 分钟，拍摄素材 30~40 分钟，单个镜头最短时长 15 秒。

画幅：横版。

声音：保留原声，如水流声、风声、鸟叫。

空镜拍摄：航拍山间、民居（无人机）；拍摄山间美景、民居美景、花朵等画面；如果下雨，就拍摄天空、房檐滴水等画面备用；拍延时、升格等画面备用。

场景 1

大山航拍画面。

小静从家门出来（石板房作为背景，小静背着背篓、拿着相机和三脚架走在山间大路上）。

拍摄小静下坡、往董叔家走及相机的全景、中景、特写。

无人机航拍大远景，展示农村风景和老房子，把河带入镜。

小静路过邻居家，跟邻居打招呼（背着相机包、手拿三脚架）。

小静路过邻居董叔家。

董叔："小静又去拍视频呀？"

小静："嗯，今天去河对面找神仙树，中午做神仙豆腐吃。"

场景 2

小静走到河边，划船过河。此时采访小静，45 度角拍摄。

采访者："这种树很难找，一面山可能只有 1 株。"

航拍划船场景：起划、河中、河对面。

场景 3

拍摄小静上山找树，小静对采访者说"不是这种树叶""我们继续上山""去那里找"等。

场景 4

拍摄小静发现树了，很兴奋。

小静："就是那棵树！看到没有？"

采访者："就是这棵树。今天运气真好！"

45 度角拍摄小静闻叶子的特写。

小静："这种树叶闻起来臭臭的，牛羊都不吃，但是做成豆腐真的非常好吃。"

拍摄小静从背篓里拿出三脚架、架起相机、找角度等中景画面。

拍摄小静仔细采摘、挑选叶子等中景、近景、特写画面。

场景 5

拍摄小静回家，准备做饭，漂洗叶子。

小静："今天我要做的是一道秦巴山区安康特色美食，叫神仙豆腐。为什么叫神仙豆腐呢？我们这儿有一个关于神仙豆腐的传说。古代有一年闹天灾，颗粒无收，有一家没饭吃的人经神仙点化，采摘这种树叶做成豆腐吃，乡亲们靠着这种豆腐度过了春荒。由于这种豆腐是经神仙点化制作而成的，所以乡亲们叫它神仙豆腐，把做神仙豆腐的树叶叫神仙叶。"

场景 6

拍摄小静烧水、添柴火、制作草木灰。

小静："这种豆腐得用草木灰泡水，多过滤几遍，就可以开始做啦。"

豆腐做好后，45 度角拍摄。

小静："就这样放 20 分钟就成豆腐了。"

场景 7

45 度角拍摄小静切豆腐、浇汁，拍摄豆腐特写画面。

小静："可以做成咸的，也可以做甜的。"

场景 8

忙到中午，小静摆盘放菜，扶着奶奶出来吃饭。拍摄小静吃饭、给奶奶夹菜、奶奶开心地笑等画面。

场景 9

小静的空镜：之前拍摄的横板镜头，或者在草地上给小静安排一些画面（替代镜头：给奶奶捶背、扇扇子、倒水，聊天的背影、开心地笑的背影等），拍摄小静正在剪辑视频的画面。

场景 10

采访小静镜头 45 度角 1 个、正面 1 个。小静坐着老式板凳，山林或菜地作为背景。

小静："我是来自陕西安康的农村女孩乡野小静，热爱美食，喜欢田园生活。这是我在短视频平台的简介，也是我每次直播的开场白。我从小就在农村长大，以前也在城里上班，心底始终还是喜欢农村，农村有山有水，还有最心疼我的奶奶。刚开始我不敢回农村，因为没有事情做，也怕爸妈吵我。2017 年我开始接触短视频，从什么都不会到自学拍摄剪辑、构思剧本，一边上班一边做。2018 年的时候，我已经感觉到短视频带货、直播带货可能是下一个风口。奶奶 80 多岁了，我也想多陪陪她，我就下定决心辞掉工作，全心做短视频。我买了相机、学习剪辑，后来我开始帮乡亲们卖货。中间的曲曲折折让我成长了很多，不管遇到多大的困难，我都没有放弃，2019 年开始有了起色。今年，我们安康市汉阴县举办'迎五一、战疫情、促销费、助农扶贫电商直播活动'，邀请我和县长直播，2 小时成交了 2 000 多单。接着，我又参与了安康市汉滨区举办的'硒情安康·乡聚汉滨电商直播带货活动'，有 5 万多名网友参加了活动，我的信心更足了。这次有幸被'农人上央视'栏目采访，证明我的坚持是对的，接下来我会更加努力，不负粉丝朋友们对我的支持和乡亲们对我的期望！"

除了像上述案例这样以文案形式呈现的脚本，还有以表格形式呈现的脚本。表格式脚本一般分为拍摄地点、序号、景别、拍摄角度、画面内容、旁白或对话、字幕、音效、时长等几个栏目。以表格的形式呈现脚本有助于我们快速地梳理思路，我们只需要对照栏目填充内容，而且拍摄重点一目了然。

撰写短视频脚本是一个循序渐进的过程，刚开始可以先简单地套用公式、模板，慢慢地积累了经验之后再不断地完善方法。

3.3.4　三农短视频的构图技巧

构图，简单来说就是画面组成。对于短视频构图，创作者要做的是思考画面中有哪些元素，怎样把它们组合起来构成一个协调、完整的画面。

三农短视频常用的构图技巧

（1）对称式构图

对称式构图是指让图中的核心元素形成对称关系，使画面整体看起来更加平稳。例如，以水面为界，水面之上的景物和水面之下的倒影可以形成对称结构。此外，如果景物本身就是对称的，那么在拍摄的时候一定要注意调整镜头的位置，让画面形成对称结构。

（2）引导线构图

引导线构图是指以某一个景物为引导线，引导观众的视线不断向前延伸，让画面主题更加突出。最常见的引导线构图就是中间有一条路伸向远方，观众的视线顺着路的方向不断向前。

（3）黄金节点构图

黄金节点构图是指按照上、中、下和左、中、右把画面9等分，使分割线形成一个"井"字，把主体放在"井"字的4个交叉点的位置，让画面看起来更加和谐。

（4）包围式构图

包围式构图是指以主体为核心形成一个包围圈，既可以是半包围，也可以是全包围。包围的元素既可以是景物，也可以是线条、框、光等。例如，一个人站在窗口就属于典型的包围式构图。

（5）三角形构图

三角形构图是指让画面中的景物刚好形成一个三角形，使画面看起来更加稳定。

（6）框架式构图

框架式构图是指拍摄时人为设计一个框架，把主体放在框架中呈现。例如，用手比一个爱心放在脸的前方，把观众的视线吸引到框架内，让主体更突出、更有吸引力。

（7）曲线构图

曲线构图是指拍摄时寻找画面中的曲线，让曲线纵深向前，如河流、弯曲的小路等。

3.3.5　三农短视频的拍摄技巧

三农短视频的拍摄技巧有很多，但关键在于景别的运用。例如，在以乡愁为主题的短视频中，从开始的远景慢慢变成全景，再由全景变成中景、近景直至最后的特写，以此表现劳作过程中的场景变化和心理变化。

观众在看全景和远景时，心情比较放松，更容易产生理性的思考；观众在看近景和特写时容易产生紧张感，更倾向于从情感的角度审视画面并产生情感互动。

合理地运用景别可以让视频画面荡气回肠，更有效地吸引用户。

3.3.6　三农短视频的剪辑技巧

对高质量的短视频来说，剪辑与拍摄几乎是同等重要的。好的剪辑能让整个故事更连贯、主题更鲜明、情绪更富有感染力。剪辑技巧必须借助软件实现，因此短视频的火爆也带动了剪辑软件的发展。对新手来说，剪辑软件的选择标准是操作简单、上手快。剪辑工作要以处理视频中明显的瑕疵、增强画面的清晰度和感染力为主。

下面以抖音推出的剪映为例介绍短视频剪辑的顺序和技巧。

对刚刚入门的创作者来说，可以先用"剪同款"这个工具套用模板进行最简单的创作。进入"剪同款"页面，我们可以看到各种类型的视频剪辑模板。我们既可以从合适的分类中选择模板套用，也可以根据自己想要创作的视频的主题搜索模板。

如果想自学更具体的剪辑技巧，还可以进入"创作课堂"页面，里面有各种视频剪辑教程和创作技巧。

常规的剪辑操作包括以下几步。

（1）打开剪映，点触"开始创作"按钮，如图 3-3 所示。

（2）从手机中选择图片和视频，点触"添加"按钮，如图 3-4 所示。

图 3-3　打开剪映　　　　图 3-4　添加素材

（3）添加好素材后，点触左下方的"剪辑"按钮，如图 3-5 所示。

（4）点触"分割"按钮，对视频进行分割，如图 3-6 所示。

 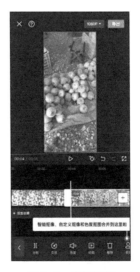

图 3-5　剪辑视频　　　　图 3-6　分割视频

（5）如果有多余的、不符合要求的、不想要的视频片段，可以先选中该视频片段再点触"删除"按钮将其删除，如图 3-7 所示。

（6）如果需要调整保留下来的视频片段的前后顺序，可以长按视频片段，将其移到相应的位置，如图 3-8 所示。

图 3-7　删除视频片段　　图 3-8　调整视频片段顺序

（7）回到视频起点，点触"识别字幕"按钮，如图 3-9 所示。

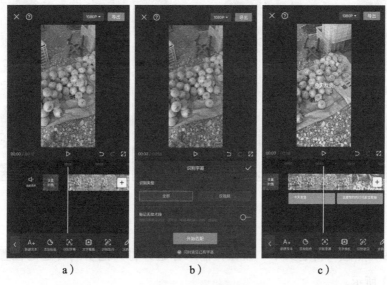

a）　　　　　　　b）　　　　　　　c）

图 3-9　识别字幕

（8）点触视频下方的文本轴，修改文字，如图 3-10 所示。

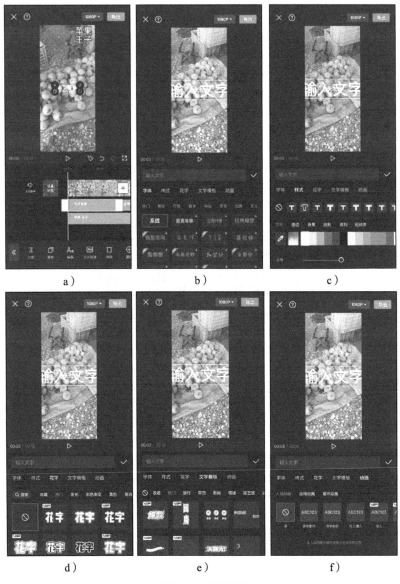

图 3-10　修改文字

（9）点触"新建文本"按钮，输入标题并将其拖动到合适的位置，如图 3-11 所示。

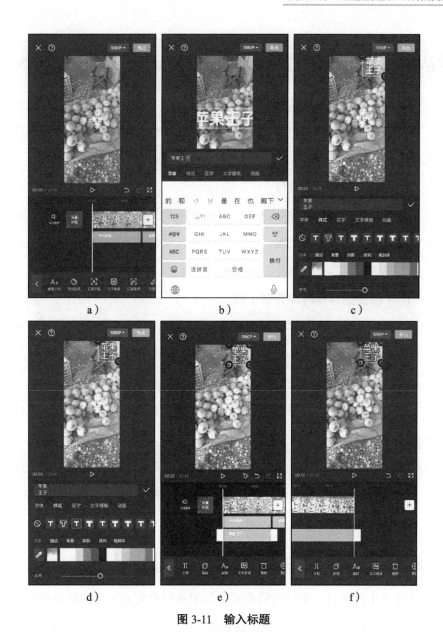

图 3-11　输入标题

（10）剪辑完成之后，点触"导出"按钮即可导出视频。

除了以上常规操作，还有加特效、加音效、选音乐、调整音量、调色、视频变速等操作，我们只需要在剪辑界面中点触相应的按钮，按提示操作即可。

如何制作高质量的短视频封面

（1）封面的格式和风格要统一

要想提高短视频的辨识度，就要设计格式和风格统一的封面。如果观众看到封面，还没点进去观看就知道这是你的作品，你就成功了一半。

（2）封面的字体要醒目

很多短视频的封面文字很小，字又特别多，观众根本看不清，也就无法快速判断短视频的主题。因此，在不影响美观的情况下，一定要将封面文字调大，尽量选择看上去醒目的字体。

（3）封面的停留时间要够1秒

观众在看封面和文字的时候有一个反应时间，如果封面的停留时间很短，直接进入主题，标题一闪而过，就无法让观众有效地接收信息。

（4）封面的内容要吸引人

观众的注意力是很分散的，平台上有那么多短视频，要想让用户停留下来观看你的视频，一定离不开精彩的封面。例如，如果是风景类的短视频，就可以选一张最美的动态图片作为封面；如果是搞笑类的短视频，就要将人物的夸张动作或表情作为封面。

3.3.7　三农短视频的创作红线

2019年1月9日，中国网络视听节目服务协会发布了《网络短视频内容审核标准细则》和《网络短视频平台管理规范》，列出了100种短视频不得出现的内容，划定了短视频的创作红线。刚进入三农赛道的短视频创作者如果没有时间和精力详细学习这100条红线，就一定要了解并避免触碰以下几条关键红线。一旦成为专业的三农短视频创作者，就要认真学习《网络短视频内容审核标准细则》。

> **三农短视频创作的关键红线**
>
> （1）搬运和盗用他人的原创视频。
>
> （2）内容招人反感，如含有猎奇、血腥、密集、恐怖、暴力的画面。
>
> （3）传播谣言，如杜撰耸人听闻的谣言、宣传生男生女的方法等。
>
> （4）欺骗性的营销推广。没有直接售卖产品，而是在头像、昵称、签名中展示产品信息，并且在视频中暗示产品信息。
>
> （5）视频标题过分夸张，可能引起观众的高度紧张，如"震惊了全国农民"等。

3.4 如何用短视频给直播间引流预热

短视频与直播之间是相互依存的关系，如果配合得好，就可以实现"1+1>2"的效果。短视频负责"打爆单品"，直播负责"一播多品"。因此，直播要做，短视频也要发，双管齐下。给直播间引流预热的短视频最好不要挂"小黄车"，一方面是因为挂"小黄车"会导致审核更严格，万一被限流就难以实现引流的目的；另一方面是因为如果观众通过"小黄车"购买了产品，可能就不会再进入直播间了，同样难以实现引流的目的。因此，给直播间引流预热的短视频一定要以宣传直播为核心。

3.4.1 亮点预告

亮点预告是指以直播亮点为主题制作的短视频，要求亮点明确，具有极强的吸引力。这里的亮点既可以是本场直播的优惠力度、重磅福利，也可以是本场直播主推的"明星产品"，还可以是极具号召力的主播、品牌等。

> "东方甄选陕西行"专场直播预告突出董宇辉、石明、小七、杰西等多位主播，以吸引全国消费者观看、购买。这场直播共进行了9小时，观看总人数超过1 100万，平均在线观看人数为17.4万，巅峰时有44万人同时在线观看。在这场直播中有28款陕西特色产品售罄，全场销售额将近3 000万元。

总之，亮点预告类短视频一定要站在目标观众的角度，从"人、货、场"中挖掘出最能吸引观众的亮点。例如，"达哥农特产"账号直播销售砀山酥梨，主播为了突出砀山酥梨酥脆多汁，在开播前手掰酥梨，展示产品特点，吸引用户进入直播间，如图3-12所示。

a）　　　　　　　　b）

图3-12　亮点预告类短视频

需要注意的是，短视频中要避免直接提及"秒杀""折扣""福利""优惠价"等促销信息。

3.4.2 源头拍摄

源头拍摄一般是指拍摄直播间主推产品的生产源头，强调产品的原生态、供应链等优势。对农产品直播间来说，源头拍摄类短视频的引流效果往往更好。如果直播间恰好就在生产源头，如果园、蔬菜大棚等，这类预热短视频就会更有说服力，而且是直播间最好的广告。例如，"大山乐涛淘""二蛋果蔬""陕北少安哥""西北娃贝贝"等账号的引流短视频的内容大多是在产地、种植大棚及农户家中采购农产品，如图 3-13 所示。

图 3-13　源头拍摄类短视频

在生产源头拍摄的短视频可以更加真实地展示产品的生长环境，让消费者产生信任感，因此更具有吸引力。

3.4.3　上手实操

上手实操是指为了凸显直播间主推产品的使用体验而展示采摘、包装农产品的过程，让观众通过短视频感受到农产品新鲜、直供的特色。

创作者可以设计一些在采摘、包装过程中出现小失误的情节，以提升戏剧性，增强短视频的吸引力。例如，在"大山乐涛淘"拍摄的推广枇杷的引流短视频中，主播故意在吃枇杷时被呛到，同时配上只有"优雅"二字的字幕，增强了短视频的趣味性和吸引力，如图 3-14 所示。

图 3-14　上手实操类短视频

3.4.4　幕后花絮

幕后花絮是指直播团队在准备直播的过程中有趣或辛苦的一面，它们可以给观众带来一种真实的感觉。在直播过程中抓拍一些精彩瞬间，经过剪辑、添加字幕等简单的加工后立即发布，也可以为直播间引流。

> **幕后花絮抓拍注意事项**
>
> 1. 最好以助理的视角进行抓拍，增强真实感。
> 2. 在抓拍时，主播要做好配合，刻意制造亮点。
> 3. 以有趣、有料为主要创作方向，不要出现口播广告内容。
> 4. 字幕要有与直播相关的内容。

一般来说，幕后花絮类短视频可以每隔 20~30 分钟发布一条。一些知名品牌的直播间会每隔半小时左右发布一条能有效引导用户关注的引流短视频，吸引用户观看直播。

3.4.5　剧情引入

剧情引入是指把直播间的主推产品融入短视频剧情。例如，田间发生了丢苹果事件，刚刚采摘、包装好的苹果少了一箱，是何人所为？

相比于其他类型的预热短视频，剧情引入类短视频的创作难度更高，与直播的相关性也较弱，所以预热效果相对较弱。但是，如果真的发生了与产品、直播相关的有趣或动人的故事，拍摄一两条剧情引入类短视频为直播间引流预热也是非常不错的。例如，"疆域阿里木"账号的主播是一位皮肤黝黑的小伙子，与优美的风景显得有点不协调。他录制的河边扔水桶的短视频走红网络，他售卖的蜂蜜也因此跟着火了。

3.4.6　人设互动

人设互动是指配合主播人设拍摄相关的短视频，为直播间引流预热。一般来说，粉丝数量达到 10 万以上的主播采用这种方式为直播间引流预热效果更明显。

人设互动类短视频不以带货为目的，主要是为了强化主播人设，与粉丝进行互动。例如，某直播间有几位人设不同的主播，在开播之前，每位主播都可以根据自己的人设特点拍摄一些介绍本场直播的短视频，这样既和粉丝做了互动，又达到了引流预热的目的。

3.5 预热短视频创作注意事项

预热短视频既不是带货短视频，也不是普通的引流短视频，其主要作用是吸引观众关注即将开始的直播及直播间推广、销售的产品。因此，创作者在创作预热短视频时需要注意一些事项。

3.5.1 控制时长

预热短视频要突出重点，内容要简单直接，所以时长应控制在 30 秒以内，最好在 10 秒到 25 秒之间。根据"3 秒黄金法则"，观众点开短视频之后的 3 秒之内必须出现与直播、产品相关的信息或提示，以便给直播间引流，如图 3-15 所示。

图 3-15 "黄金 3 秒"预热短视频

3.5.2 把握发布节奏

预热短视频的发布节奏与直播开始时间紧密相关。发布预热短视频的节奏可以参照表 3-3。

表 3-3 发布预热短视频的节奏

序号	1	2	3	4	5	6	7
发布时间	开播前 7 天	开播前 5 天	开播前 3 天	开播前 2 天	开播前 1 天	开播当天	开播前 1 小时

一般来说，直播前一周就可以开始发布亮点预告类、人设互动类短视频，让观众对本场直播有一个初步的了解。这个阶段每天发布 1 条短视频即可。

直播前 3 天，直播相关工作会陆续启动。这个时候可以每天发布 3~5 条幕后花絮类、源头拍摄类、剧情引入类短视频，让观众对直播有更深入的了解，从而加深其印象。

为了保证农产品的新鲜度，一般会提前 1 天甚至直播当天才开始备货。这个时候就可以拍摄一些上手实操类短视频，让观众更直观地感受农产品原生态、新鲜直供的特色。

开播前 1~2 小时不必限定短视频类型，要密集、多平台发布预热短视频，以最大限度地吸引流量（见图 3-16）。"东方甄选陕西行专场"预热短视频便是很好的参考。

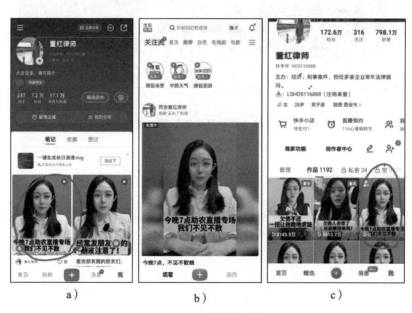

图 3-16　系列预热短视频

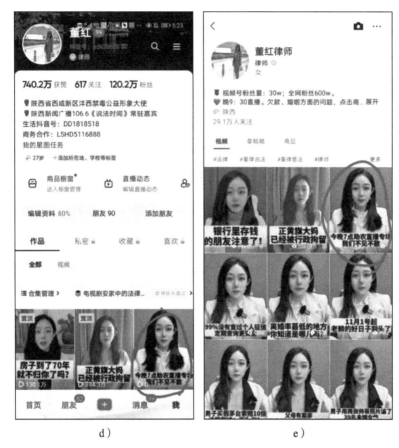

图 3-16　系列预热短视频（续）

3.5.3　标题精准

预热短视频的标题不要出现无意义的文字，一定要简单直接地说明本场直播或产品的亮点，为直播间吸引更精准的流量，如图 3-17 所示。

a） b）

图 3-17 用简洁扼要的话术精准引流

💡 **高播放量标题写作要点**

1. 重点信息＋关键词＋提供价值。

2. 用最少的字数说清楚视频内容。

3. 拒绝"标题党"，避免标题内容严重夸张且与事实不符，否则容易违规并导致用户流失。

3.5.4 内容要为直播服务

无论预热短视频的内容是什么，都只有一个宗旨——为直播服务。无论是剪辑、音乐还是出镜人物，都要把直播内容与目标观众的需求匹配起来。

预热短视频一般可以可分为 3 个方向，即品牌视频方向、日常视频方向和直播切片方向。品牌视频主要是品牌宣传、测评等有利于品牌传播的视频；日常视频主要是包含"爆款"、新品、场景化风格展示及热门音乐等元素的视频；直播切片主要是数据好、热度高的直播高光片段或第二视角的视频剪辑。

第 4 章

直播规划：从 0 到 1 开启农产品直播

4.1 如何启动农产品直播

直播让手机成了新农具，直播成了新农活，面朝黄土背朝天的农民成了背靠电商、面朝镜头的"新农人"，但农产品电商离"通过展示生活、生产方式，带动农产品上行，进而脱贫致富"的理想状态还有很大的差距。其中的原因是多方面的，最大的原因是农民主播不知道如何专业地启动农产品直播。

4.1.1 农产品直播当下急需解决的问题

农产品直播在快速发展的同时也出现了一些问题，主要表现在网络基础设施薄弱、物流成本居高不下、产品标准化程度不高等。农民主播对直播电商"人、货、场"三要素专业化发展趋势认识不深、把握不准等，大多数农民主播还停留在"一部手机做直播"的初始阶段，这极大地制约了农产品直播的发展。

具体来说，要想推动农产品直播健康快速发展，必须解决以下四个方面的问题。

（1）建立标准化选品流程

在农产品直播中，由于缺少选品标准，所以经常会出现农产品大小、颜色、品种、成熟度不一致的现象，极大地影响了消费者的体验。农产品直播要想持续发展，不仅要把田地里长出来的农产品变成可供销售的产品，还要把它们变成直播间的"明星产品"。因此，我们要从农产品的外观、品种、颜色、大小、品质等角度建立标准，并依据标准对其进行分类、定价。

（2）提升配送体验

对于以生鲜产品为主的农产品来说，保鲜和配送时效十分重要，直接影响消费者的体验。因此，只有建立完善的供应链体系尤其是配送体系，从仓储、包装、冷链、物流等各个环节着手提升配送体验，才能让农产品直播具有更强的生命力。

（3）坚守诚信经营的底线

很多人在农产品直播间买东西主要是基于对农民的信任、对货源的信任。但是，少数主播故意夸大宣传、以次充好，甚至有些人打苦情牌，讲述感人故事却卖残次品，极大地影响了消费者对农产品直播的信心。农民主播唯有坚守诚信经营的底线，才能立住"质朴农民"的人设，增强消费者的信任，让消费者愿意在农产品直播间消费。

（4）提高农民主播的专业能力

很多农产品直播间的主播都不是农民，有的是名人，有的是专业主播。他们的角色其实只相当于网络推销员，相对来说还是农民自播的效果要更好一些。因此，通过专业的培训和指导提高农民主播的专业能力是促进农产品直播发展的重要手段。

除了以上四个方面的问题，农产品直播在发展过程中还有可能出现新的问题，这就需要从事农产品直播的相关人员保持良好的心态，及时发现问题、积极解决问题。

4.1.2　如何为农产品直播选择平台

直播带货有三大类平台，分别是电商平台、内容社交平台和"种草"平台。

（1）电商平台

电商平台以淘宝、京东、拼多多为代表。其中，淘宝凭借入局较早、商品丰富的优势独占鳌头；拼多多通过平价策略吸引的家庭主妇、老年人等用户群体与农产品的目标用户群体重合度高，因此在农产品直播领域占据更大的优势。与淘宝、拼多多相比，京东在价格和目标用户群体上均不占优势，但胜在物流快、售后服务好，尤其是自营产品具有很强的市场竞争力，对定位相对高端的农产品来说不失为一个好的选择。

（2）内容社交平台

内容社交平台主要有抖音、快手、微信视频号等。其中，抖音凭借庞大的流量和强大的活动策划能力，成了内容社交平台直播领域的领头羊。作为国内拥有最多农村用户的短视频社交平台，快手在农产品直播领域发展迅猛，直追抖音。微信视频号虽然社交属性更强，但在农产品直播方面的实力弱于抖音和快手。

（3）"种草"平台

"种草"平台是指通过分享使用体验推荐、宣传产品的平台，小红书、微博是其中的典型代表。这类平台的直播功能开通较晚，流量也相对有限，但胜在用户信任度较高。从目标用户群体的角度分析，这类平台的用户以消费品牌产品为主，对农产品直播的关注度不高。

💡 **新手如何选择直播平台**

农产品直播新手在选择直播平台时，首先要了解直播平台的分类和定位，最好以同属性、流量大为前提，再做进一步的筛选。

（1）了解直播平台的特点

要想在一个平台上长期发展，就必须充分了解该平台，除了表面上看得见的平台流量、带货模式，还要知道分成方式、流量来源、用户年龄段等，尽量使这些元素与主播特点、产品特性高度吻合。

（2）找准直播平台的定位

大多数直播平台都有自己的定位，例如，淘宝具有电商特性，抖音具有社交特性，主播要看自己更适合哪一类平台。例如，游戏主播一般会选择虎牙、斗鱼等娱乐直播平台，正常情况下不会选择在淘宝上做直播。

（3）考虑直播平台的发展

每个平台的政策不同，针对各个领域的扶持计划也不同。以抖音为例，每隔一段时间，扶持项目就会有所变化，这是为了更好地迎合用户和市场。农产品直播新手要多分析这些平台未来的发展趋势、扶持政策，这样才能更好地生存下去。

4.1.3 农产品直播账号注册与包装

注册账号看似非常简单，但实际上很多人并不知道如何正确地注册农产品直播账号。在注册过程中需要填写名字、个人信息、账号简介等，如果不了解平台机制，就很有可能碰到账号前期被限流的情况。

接下来以抖音平台为例介绍如何正确地注册一个农产品直播账号。抖音平台的短视频账号和直播账号是统一的，如果已经有短视频账号，就不必再单独注册直播账号。这里只介绍初次在抖音平台注册账号的情况。

（1）账号注册

注册账号的时候尽量做到"一机一卡一账号"，最好通过 4G 或 5G 网络注册，尽量不要用 Wi-Fi，以免出现发不出作品的情况。注册完成以后，跳过设置环节，先不填具体的资料，而是先刷三农短视频，让平台快速识别账号所属领域、分发流量。

（2）账号包装

刷三农短视频 7 天以后，开始对账号进行包装，即设计、填写账号相关信息，让用户更快地识别、了解甚至信任账号，如图 4-1 所示。

a）

b）

c）

d）

图 4-1　农产品直播账号基础信息

与其他新媒体账号一样, 抖音账号的名字、头像、个性签名都是可以更改的, 但是每天的更改次数有一定的限制。如果这些基本信息更改得过于频繁, 可能会影响平台及用户对账号的识别, 所以尽量不要频繁修改。

三农短视频账号包装要点

（1）设置与三农相关的名字和头像

"农村杨小靓""甘肃胖娃娃在助农"等账号的名字让人一看就知道该账号属于三农领域。头像最好是以农村场景为背景拍摄的真人照片。例如, "农村杨小靓"的头像就是以桃花为背景拍摄的真人照片, "甘肃胖娃娃在助农"的头像则是以农田为背景拍摄的真人照片。这样的照片可以给观众带来真实、质朴的感觉, 更容易强化三农人设。

（2）设置账号主页背景图

账号主页背景图是非常好的一个"广告位", 切不可忽视。一般来说, 背景图要与头像的颜色、风格相呼应, 与账号的整体风格保持统一。背景图要美观、有辨识度, 准确传达账号的定位。例如, "农村杨小靓"的账号主页背景图就是本人在一片绿色稻田中劳作的照片, 绿色稻田与头像中的粉色桃花相呼应, 劳作的场面与主页展示的农村短视频保持统一。

（3）撰写账号简介

账号简介要根据账号定位来写, 不需要写很长, 只要说清楚"我是谁""我的产品是什么""我为什么值得你相信"。如果即将进行直播, 还可以把直播的主题和时间加进去。如果是刚注册的账号, 就不要在简介中添加联系方式, 以免被平台降低账号权重。

（4）完善个人信息

性格、地区、学校、生日等个人信息应填写完整，以提高账号权重。此外，手机号、第三方账号（QQ、微博、微信）也要绑定，尽可能扩大引流空间。

（5）开通商品橱窗、蓝V认证

开通商品橱窗和抖音小店的步骤前文已经介绍过了。如果只打算做短视频运营，这两项功能不开通并不会有太大的影响；但如果还打算做直播，这两项功能就必须开通。如果是自产自销，那么必须开通抖音小店并获得蓝V认证；如果是帮别人卖货，那么只需要通过实名认证、开通商品橱窗并获得直播权限，就可以把别人的抖音小店的产品链接挂到自己的直播间。不过，如果想让后期的直播带货更顺利，建议尽量获得蓝V认证。虽然蓝V认证账号和个人认证账号一开始的流量差不多，但蓝V认证账号发布的带有营销性质的内容更容易过审，开直播也可以随意更换主播，而个人认证账号严格来说必须由本人直播。

4.1.4　如何策划一场农产品直播

策划一场农产品直播往往涉及多个环节和要素，下面以策划一场红薯粉丝专场直播活动为例进行说明。

（1）产品

只有先把红薯粉丝上架到抖音小店，才能开始售卖，因此，我们需要先开通抖音小店。以公司或个体户名义开通抖音小店均可，不建议以个人名义开通抖音小店。

以个体户为例，需要先办理个体工商户执照。由于是在网络上销售食品，所以执照上的经营范围必须包含"互联网销售"。此外，还需要一个食品经营许可证。因为红薯粉丝是自己制作的，所以还需要一个食品生产许可证。这样，必要的证件就都准备好了。

最后，还要确定与哪家物流公司合作、佣金比例是多少，这是商品定价的基础。

（2）人员

一场完整的直播需要以下两类人员的协作才能顺利完成。

一类是抖音小店和直播运营人员，至少需要 2 名。他们负责抖音小店的商品管理、订单管理；负责直播过程中的客服工作，回应直播间观众的询问；负责直播场控和助播等。

另一类是主播，如果生产红薯粉丝的人能当主播，这个人就是一个很不错的选择。如果他不能胜任主播工作，就需要寻找专业的主播。不管谁当主播，都必须经过培训。

（3）直播场景

在红薯粉丝厂房直播生产过程可以获得不错的效果，但要注意灯光和收声效果。

（4）直播设备

需要准备的设备包括：直播手机（最好用主摄像头）或相机等；供主播查看直播画面的手机；手机支架，要能放两部手机，一部播、一部看；手机卡和抖音账号，保证"一机一卡一号"。

（5）农产品消费群体研究

通过观看其他主播做的农产品直播，确定自己账号瞄准的消费群体及其活跃时段。其中，年龄段很关键。如果买红薯粉丝的观众的年龄段集中在 31~45 岁，那么你的账号的年龄最好设置为 38 岁，取中间值。

以上简要介绍了如何策划一场农产品直播，在实际操作中各个环节的策划与执行还有很多的技巧与注意事项，后文将具体介绍。

4.2 直播定位

很多农产品直播间虽然做了很多场直播，但流量、销量表现都不理想。这主要是因为直播太过随意，没有做好定位。我们在策划一场直播时，从一开始就要明确直播定位，包括本场直播的目的是什么，准备卖什么产品，本场直播的目标用户群体有哪些，他们有什么特点，本场直播的主播是谁，主播有什么优势或特色等。精准、明确的直播定位可以让我们的思路更加清晰。

4.2.1 产品定位：准备卖什么产品

直播带货的关键在于产品，产品的关键在于供应链。也就是说，在做产品定位时，我们重点考虑的不是"我想卖什么产品"，而是"我有什么产品"，这一点对农产品直播尤为重要。有些已经建立主播个人 IP 的账号可能会根据主播的特点和优势做产品定位，然后寻找合适的供应链开展合作。但是，农产品直播实际上已经把产品定位在三农这个领域。农产品季节性强、货源零散等特点决定了其不像其他产品那样容易获得，所以对农产品直播来说，产品定位的核心问题是"我有什么产品"。例如，夏末的时候自家地里的葡萄熟了，那就卖葡萄；冬天的时候邻居家养鸡场的鸡蛋滞销了，那就帮邻居卖鸡蛋。

农产品直播间做产品定位表面上看起来十分简单，在很多情况下既不需要寻找供应链，也不需要与供应商谈判，只要看看自己或身边人有什么产品可以卖就行了。但在准备直播之前，我们还是要问问自己"我要卖什么产品"，把思路梳理清楚。

确定卖什么产品之后，我们就要考虑这些产品的特色、优势是什么，更适合在哪里做直播，什么时候备货比较合适，大概可以备多少货，预计这场直播可以卖出去多少等。这一系列问题都会影响直播的效果。

如果可以，最好将这些问题及其答案写下来，以便在直播过程中随时查阅。如果写下来有困难，那么至少要仔细思考这些问题，在脑海中留下记忆，为直播做好准备。

4.2.2 客户定位：谁会买产品

直播带货是一种商业行为，因此做好客户定位是必不可少的一步。只有明确谁会买产品，才能针对客户特点和客户需求制订有效的销售和营销计划，明确直播方式。农产品的目标客户群体其实非常庞大。当然，农产品的地域性特点也不容忽视。刚开始做直播时，为了快速吸引流量并完成转化，将地域内客户作为目标客户不失为一个好办法。例如，泾阳西红柿是陕西的地方品牌，其客户大多数都是陕西人，所以很多主播用陕西方言做直播，从而拉近了与地域内客户的距离，显得很亲切。

但是，随着泾阳西红柿这个品牌的发展与相关部门的大力助推，泾阳西红柿很可能会走出陕西、走向全国，成为享誉全国的品牌。此时，过于单一甚至可以说具有一定局限性的直播方式恐怕将阻碍泾阳西红柿的市场开拓。因此，扩大目标客户群体是做客户定位时必须考虑的因素。

我们可以对客户群体进行分类，然后尝试多元化的直播方式。例如，面对年轻女性群体时，可以重点介绍西红柿的美颜、瘦身功效；面对健身群体时，可以从营养学的角度介绍西红柿的优点；面对"宝妈"群体时，可以提供西红柿烹饪建议，介绍各种各样的用西红柿制作的美食；面对中老年群体时，可以重点介绍西红柿的抗衰老作用等。

经过一段时间的试播之后，我们就可以通过销售情况判断哪类客户群体需要重点突破，再结合其他手段进行辅助宣传，培养其他的目标客户群体。

由此可见，即便是同一款产品，在不同的销售阶段、不同的直播场景中，目标客户的定位也会有所不同。因此，我们一定要牢记：任何一场直播在策划阶段都要做好客户定位，并根据客户定位确定直播方案。

4.2.3　主播定位：谁在卖产品

主播定位主要分为两个方面：一是确定由谁担任主播，二是为经常出镜的主播打造人设。

农产品直播间的主播有农民、当地领导、名人、专业主播等。不同的主播带货方式不同，带货效果自然也不同。例如，当地领导、名人一般会在助农专场中进行农产品带货，直播间类似于一个平台，农民只是把自己的农产品放到这个平台上销售。专业主播一般来自专门做农产品销售的团队，农民与他们是商业合作关系。农民主播则以自产自销居多，偶尔也会帮别人销售农产品。

对农产品直播间来说，农民主播人设的打造是关键。当地领导、名人已经有明确的角色，专业主播背后有专业团队的支持，所以也会有明确的人设。大多数农民主播没有刻意打造人设的意识，但他们的很多行为其实都与人设打造相关。例如，我们常常可以见到农民主播通过展现自身的勤劳质朴等特质推广产品，使粉丝产生一种"老实人卖的东西肯定不会有问题"的印象。

以与泾阳西红柿相关的短视频和直播为例，我们经常看到的是：农民带着憨厚的笑容掰开一个甜美多汁的西红柿，阳光下农民头上亮晶晶的汗水与引人垂涎的西红柿交相呼应；或者，一双满是沟壑的手拿着西红柿，展现出劳动者的勤劳和果实的甜美；再或者，农民在田间劳作的间隙一脸真诚地邀请大家："我家洋柿子（西红柿）熟了，欢迎大家来我家吃洋柿子（西红柿）。"这样的风格、这样的人设打造就很不错，直入主题，很有表现力。

4.3　货品规划

要想做一场成功的农产品直播，就一定要有合理的货品规划。这不仅会影响直播间的销售业绩，还会影响直播间抵御风险的能力。通常来说，完善的货品规划包括选品、确定"爆款"产品、设计产品价格布局、设计产品款式布局、撰写卖点文案、设置合理的库存等环节。即使只有一款产品，也要根据品相进行分类布局，设置不同的价格。

4.3.1　农产品直播的选品策略

好产品是直播带货的根基。一些新手主播在选品的时候经常容易走入一些误区，最常见是只选自己喜欢的（随心式选品）、有什么就卖什么（随性式选品）、选品时毫无章法（随意式选品）。这些错误的做法很容易导致账号定位、粉丝群体与所售产品不匹配，不仅影响销量，还可能影响账号权重。前文在介绍产品定位时已经强调过，做农产品直播首先要考虑"我有什么产品"，选品时同样要考虑这个问题。

具体来说，选品时可以从以下几个方面进行思考。

（1）时令新品

农产品的时令性非常强，抢先上市的生鲜农产品对目标客户具有强烈的吸引力。把即将上市的新品放在直播间做首发，可以有效吸引目标客户，快速打开市场。

（2）"爆款"产品

已经具有一定知名度或在线下渠道、线上电商平台及直播间取得不错成绩的"爆款"产品也是我们在选品时要重点关注的对象。只要有货，就尽量把"爆款"产品放到直播间销售，充分利用这类产品为直播间引流，增强直播间的竞争力。

（3）特价清仓产品

库存积压对绝大部分产品来说都是不利的，对生鲜农产品来说更是如此。因此，我们有时会看到"西瓜滞销，瓜农犯愁""××万斤土豆滞销，农民急盼销路"这样的新闻。生鲜农产品的保鲜期非常短，如果不能及时销售出去，就会烂在地里，农民一季的辛苦就全都白费了。因此，农产品一旦出现库存积压，就要及时推出特价清仓的专场直播活动，在回馈粉丝的同时快速回流资金。如果是生鲜农产品，甚至不能等到出现库存积压时再启动特价清仓，只要出现积压的苗头，就要立即通过特价销售的方式进行促销。

> ### 💡 直播间产品分类
>
> **（1）引流款**
>
> 引流款产品通常价格较低、人气较高，其作用主要是吸引流量、保持直播间的热度。
>
> **（2）畅销款**
>
> 畅销款产品是指能够有效满足用户需求、承接流量的产品。有些用户进入直播间只为了购买畅销款产品，因此畅销款产品一定要具备性价比高、销量高、受众广三个特点。
>
> **（3）利润款**
>
> 利润款产品通常价格较高、利润空间较大，品质和口碑也较好，其作用主要是获取利润和口碑。
>
> **（4）特色款**
>
> 特色款产品可以提高直播间的吸引力，增强粉丝黏性。

4.3.2 "爆款"产品的特点

所谓"爆款"产品是指可以引爆销量、人气并持续带来流量的产品。"爆款"产品不仅能够带来极大的经济利益，还能给直播间带来流量、人气，从而带动直播间整体销量的提升。因此，打造"爆款"产品是每一位带货主播的梦想。但是，"爆款"产品并不是随随便便就能做出来的。即使我们按照

"爆款原则"选择一款性价比高、品相好的产品，然后用心引流、推广、销售，也不一定能将其打造为"爆款"产品。

通常来说，"爆款"产品具有五大特点，这些特点不仅是在选品环节确定产品是否有潜力成为"爆款"产品的考虑因素，还是完成选品之后进行全方位运营以打造"爆款"产品的重要依据。做农产品直播同样要了解"爆款"产品的五大特点。

☀ "爆款"产品的五大特点

（1）利益感知强

利益感知是指用户通过产品感受到的直接利益或效用。例如，苹果甜不甜，大米香不香，品尝一下就可以立即知晓。

（2）品牌力强

在同类产品中，用户更愿意选择具有一定影响力的品牌产品。例如，同样是西红柿，为什么有那么多人选择泾阳西红柿？主要是因为它已经成为一个具有一定影响力的品牌。因此，为直播间的农产品打造品牌或 IP 是非常重要的一件事。

（3）直击痛点

"爆款"产品往往可以解决用户的某种困扰或问题，而且这种困扰或问题让用户感到很痛苦。例如，针对"宝妈"群体担心孩子不爱吃西红柿的情况，主播可以介绍西红柿的各种做法，让孩子爱上吃西红柿。

（4）参与感强

产品有丰富的玩法，大部分用户都可以模仿其中的几种玩法，这可以让用户产生参与感，满足用户的从众心理。例如，直播间可以发起"跟我一起削苹果"活动，为点赞数排在前 10 名的粉丝提供奖励。

（5）单价低

价格永远是影响用户购买决策的关键因素。低于市场同类产品的价格可以让用户更快地下定购买的决心。

4.3.3 设计产品价格布局

如果一场直播只有一款产品，这款产品只有一个价格而且贯穿全场，这场直播就会显得有些枯燥。因此，选品之后我们还要设计产品价格布局。通常来说，直播间的产品价格可以按照高价位、中等价位、低价位三个档次进行布局，即设置 10% 的低价位引流款产品、70% 的中等价位畅销款产品、20% 的高价位利润款产品。具体来说，直播间产品定价策略通常有以下两种。

（1）分类定价策略

分类定价策略是指根据引流款、促销款、"爆款"、利润款对直播间产品进行分类，然后给每一个类别定价。引流款产品的定价策略以"满送""满减""下单送"为主，主要是为了留住粉丝，增强粉丝黏性。促销款产品的定价策略以"限时限量限价"为主，主要是为了营造直播间气氛、提升销量。"爆款"产品的定价策略以"低价""多送赠品"为主，主要是为了吸引用户，延长用户在直播间的停留时间。利润款产品的定价策略以"买一发二""买二发三"为主，主要是为了让用户产生超值的感受，持续关注账号。

（2）组合定价策略

组合定价策略是指将几款拥有某种联系的产品组合在一起定价，如"×× 套装组合"。组合定价的好处是用户难以比价，容易让用户产生超值感，进而促进用户下单。例如，一箱冬枣 59 元，如果没有人下单，就可以采用组合定价策略，如"99 元拍一发二，送赠品""一箱 59 元，两箱 99 元""前30 名送精品大果 1 斤"等。

直播带货具有一定的娱乐性，很多消费者的购买行为具有冲动性，因此尽量缩短消费者的决策过程是直播间设计产品定价布局时必须考虑的因素。

4.3.4　设计产品组合布局

直播间上多少款产品合适？这个问题没有标准答案，有的直播间只有一两款产品，有的直播间有五六款产品，还有的直播间有几十款产品。不管直播间上多少款产品，都可以通过设计产品组合布局扩大利润空间。建议畅销单品搭配一些滞销单品，也可以把滞销单品作为赠品，赠品的成本实际上已经算到价格中了。

不同的直播间会设计不同的产品组合布局，具体如下。

（1）只有一两款产品

这类直播间主要做"单品爆破"，比较适合自产自销、原产地直销、供应商有单品优势等情况。只有一两款产品的直播间主要靠素材、脚本吸引流量、提升转化，所以需要不断地测试素材、脚本，寻找最适合的销售策略，突出产品卖点、使用效果和目标消费人群。

如果想弱化产品单一的影响，可以采取按品相对产品进行分类、提供赠品等手段。例如，专门卖冬枣的直播间可以将冬枣分成"精品大果""实惠中果""特价小果"等几类，然后按照 1 斤、3~4 斤、5~6 斤设计产品组合。

（2）有五六款产品

有五六款产品的直播间大多是刚开播的直播间，这样容易做数据、拉流量。这类直播间的产品组合布局要以促停留、促转化为主，如"买一发二""套装组合"等。

（3）有几十款产品

在三农领域，有几十款产品的直播间一般主打助农专场或背靠农产品代理销售团队。这类直播间的流量比较稳定，主播要么影响力大要么专业度高。因为产品比较多，所以设计产品组合比较容易。

💡 **产品组合的三大原则**

（1）**赠品要与主产品相关。**例如，卖核桃送核桃夹就非常好，但如果卖西红柿送核桃夹就有点风马牛不相及，效果会大打折扣。

（2）**组合套装要让用户产生"1+1 > 2"的满足感。**例如，如果直播间销售的产品里刚好有西红柿和鸡蛋，就可以把这两样组合在一起销售，这样做不仅会让用户觉得新鲜有趣，还可以通过一定的价格优惠让用户产生"1+1 > 2"的满足感。

（3）**埋下伏笔，提前使用，引起注意。**这条原则可能不太好理解，它主要是指按照产品使用流程设计产品组合，组合中的产品在使用上有先后顺序，例如，购买洗衣机赠送床上四件套，或者将床上四件套与除螨仪、洗衣凝珠组合销售。

4.3.5　撰写卖点文案

你的直播间销售的农产品有什么卖点？卖点是越多越好，还是越少越好？

试想，当你走进一家餐厅，服务员递给你一本厚厚的菜单，你是不是看到最后依然不知道该点什么菜，最后只好换一家餐厅吃饭？而另一家餐厅，只递给你一张纸，上面只有 3 个特色菜，你是不是轻轻松松就点好菜了？

农产品直播也是一样的，卖点不在于多，而在于精。通常来说，撰写卖点文案时最多锁定 3 个卖点就可以了。

（1）**制造对比**

大多数农产品都存在同质化竞争的问题，制造对比可以凸显自己农产品的优势。农产品对比通常是地域性的对比。例如，低海拔地区的橘子可以和高海拔地区的橘子做对比，因为高海拔地区昼夜温差大，有利于糖分堆积，所以高海拔地区的橘子比低海拔地区的橘子甜。

（2）去抽象化

很多人写卖点文案的时候喜欢堆砌数据或理论，如"含糖量 50%"，这种表达方式很难让用户快速理解、记住产品的卖点，更难以说服用户购买。如果改成"我的橘子甜过初恋"就形象多了，用户会由初恋的甜蜜感觉快速联想到橘子的味道，进而产生购买的意愿。

（3）调动情绪

直播场景下容易发生冲动消费。例如，有的主播用"买它"激发用户的购物欲望，还有的主播用倒数"3、2、1"的方式营造紧张气氛，促使用户下单。这些都属于调动情绪的技巧。不过，这些停留在表面上的技巧随着直播行业的发展，已经有不少用户产生了"免疫力"。在农产品直播中，有些主播通过"悲情营销"调动用户情绪，促使他们下单。例如，有些农民在直播间里声泪俱下地讲述自己种的西瓜滞销带来了多大损失等。这个故事如果是真实的，或许还能够打动观众；但如果不是真实的，那么不仅难以产生预想的效果，还有可能导致用户对主播失去信任，可谓得不偿失。调动情绪最有效的办法是通过讲真实的故事或抒发情感的方式打动用户，让用户产生情感共鸣。

记住，真实永远是农产品最大的卖点。

4.3.6　设置合理的库存

农产品直播间经常会出现库存设置不合理的问题，一方面是因为有些生鲜农产品需要现采现发，以保证新鲜度；另一方面是因为有些农产品的产量较少，不成规模，导致库存有限。因此，在农产品直播的规划阶段，一定要明确库存，并在直播后台设置合理的库存。否则，好不容易打造出"爆款"，但发不出去货，最后还会被平台处罚。

生鲜农产品需要现采现发，只要量够，就可以把库存设置得多一点，但要把发货时间延长一些。同时，要跟粉丝强调为了保证农产品的新鲜度，必须现采现发，所以发货时间会稍微长一点。

如果是其他特色农产品，产量较少，就要根据货源的具体情况合理地设置库存。

库存既可以根据出货量、快递的收货量分成两个批次，也可以采用金字塔模式，逐步逐次增加。例如，一开始设置库存为 100 件，再根据实际销量、快递收货量、实际库存等将库存调整为 200 件或更多。

切记，一定不要超量、超限设置库存，大部分直播平台对店铺都有量与质的考核，超时发货、用户投诉都会导致店铺被扣分、扣除押金。

4.4 流程规划

很多刚入门的农产品直播人员可能已经通过直播平台或其他渠道了解了如何注册账号、如何发布作品、如何获得推荐流量、直播间怎么留人，促进成交的话术也掌握了不少，但对一场完整的直播的带货逻辑是什么、有哪些流程并不是很清楚。根据自己的目标做好直播流程规划对直播带货的效果有非常大的影响。只有保证流程清晰、脚本完善、时间明确，高转化才会成为可能。

4.4.1 直播流程策划

娱乐化的直播形式越来越受欢迎，如果只是把线下的传统销售活动原样搬到线上，以"通稿式"播报进行直播带货，就会显得太过刻板而缺乏吸引力。但如果把过多的时间投入在"娱乐"上，又有可能会弱化带货效果。因此，通过流程规划合理均衡"娱乐"时间和带货时间是很有必要的。一般而言，一场 2 小时左右的直播主要包括以下流程。

（1）热场（10 分钟以内）

主播在开场时要热情地和观众打招呼，对刚进入直播间的用户表示欢迎，聊点日常话题，烘托亲切的气氛。就像每段相声的表演者都要做自我介绍、评书开场有定场诗一样，直播开场也可以形成固定的模式，甚至可以与粉丝建立"暗号"。

（2）正式直播（15~40 分钟）

正式直播环节主要就是介绍产品，但一定要注意节奏，与观众保持互动，中间可以加入抽奖、送福利等活动。主播不要不停地讲，不要讲太多的信息，只需要把产品的核心卖点介绍清楚就可以了，讲太多观众反而不容易记住关键信息。

（3）互动（40 分钟左右）

直播进行 1 小时以后，无论是主播还是观众，都会感到比较疲惫，需要休息一下。这时，主播不宜再介绍产品，可以用轻松一点的状态与观众聊天，解答一些观众的问题。同时，主播助理可以通过语音、文字等方式强调一下促销活动，营造热销氛围，但时间要控制在 10 分钟左右。互动环节的大部分时间应该用来聊天、答疑，把直播节奏放缓，给观众留出下单时间。

（4）聊天（10 分钟左右）

离直播结束还有 10 分钟左右时，带货环节基本就结束了，接下来的时间主要用于强化主播人设，与观众联络感情。主播可以跟大家聊聊自己的生活、兴趣等，向观众表达感谢，引导观众关注账号等。主播跟观众聊天时最好自然地提到一些与产品有关联的事情，再次强化观众对主播和产品的记忆。

（5）预告下一场直播（最后 3 分钟）

在下播之前的 3 分钟一定要预告下一场直播，可以多强调几遍，以便加深观众的记忆。主播的下播话术可以与开场话术保持一致，这样可以提高自身辨识度，让自己更容易被观众记住。

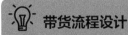 带货流程设计

（1）"过款型"带货流程设计

时间安排	直播内容	主播安排
16：00—16：10	热场互动	张小小
16：10—15：40	第一组主打3款	张小小（主）＋王丽丽（助）
16：40—16：50	第一组宠粉1款	张小小（主）＋王丽丽（助）
16：50—17：00	门店活动介绍	张小小（主）＋王丽丽（助）
17：00—17：30	第二组主打3款	王丽丽（主）＋张小小（助）
17：30—17：40	第二组宠粉1款	王丽丽（主）＋张小小（助）
17：40—18：00	第一组＋第二组快速"过款"	王丽丽（主）＋张小小（助）

（2）"循环型"带货流程设计

时间安排	直播内容	主播安排
16：00—16：10	热场互动	张小小
16：10—16：40	主打3款	张小小（主）＋王丽丽（助）
16：40—16：50	宠粉1款	张小小（主）＋王丽丽（助）
16：50—17：20	主打3款（第一次循环）	张小小（主）＋王丽丽（助）
17：20—17：30	宠粉1款（第一次循环）	王丽丽（主）＋张小小（助）
17：30—18：00	主打3款（第二次循环）	王丽丽（主）＋张小小（助）
18：00—18：10	宠粉1款（第二次循环）	王丽丽（主）＋张小小（助）

4.4.2　直播脚本设计

直播脚本实际上就是基于带货流程和产品卖点文案撰写的直播剧本，一般根据时间、用户需求或带货流程进行设计，不需要把每个环节的每句话说什么都写好，但要明确产品介绍次序、产品核心卖点、福利发放频次、互动

话题等关键信息，如表 4-1 所示。

表 4-1　直播脚本示例

事项	内容安排	备注
拆解目标，做测算，了解货品情况	100 万元 =19.9 元客单价 × 预估销量 +100 元客单价 × 预估销量 +200 元客单价 × 预估销量 +300~400 元客单价 × 预估销量	对库存和销量做到心中有数
	美妆类产品 15 种，零食类产品 5 种，共 20 种产品	
	确定样品到货时间	
	准备样品，确定展示方式	
	确定产品排序和上架时间	
上架	后台上链接	保证产品链接有效，测试网速
开播测试	提前做直播测试	
	计算机直播	
预告	在名字、简介处添加直播时间，如"惠子 19 日 19 点直播"	
短视频引流	16 号发 2 条预告视频，告知直播时间	提前宣传
	17 号发 2 条预告视频，告知直播时间	
	18 号发 2 条预告视频、3 条直播间花絮	
直播流程	第 1 步：开播前 2 小时发布视频进行预热	把握节奏，让粉丝跟着主播不由自主地下单，"秒杀"时制造紧迫感，促进成交
	第 2 步：设置直播间封面及标题，要有吸引力	
	第 3 步：直播过程中每小时都要有一个"爆款"	
	第 4 步：产品上架 （1）引流款：上架 10 分钟，用于开播预热，可按固定间隔插入，也可临时插入（提升互动和氛围） （2）利润款：上架 10~15 分钟，气氛活跃时上架，一般紧跟引流款 （3）主推款：上架 20 分钟左右，每小时都要有，要有话题性	
	第 5 步：直播过程中做活动 （1）比价：主播介绍产品时，与线下门店或电商平台比价，体现价格优势 （2）限时"秒杀"：流量高峰期上架 5~10 款"爆款"产品，各有 1 分钟"秒杀"，分别倒数 10 秒再开抢，临结束时至少要倒数 3 秒 （3）粉丝专享特价：推出 9.9 元或 19.9 元特价产品，用于在直播前期引流、营造气氛	
	第 6 步：直播间花絮引流	
	第 7 步：整理数据、截图等资料	

（续表）

事项	内容安排	备注
其他流量渠道	Dou+ 助力：直播前给视频投放 100 元测试效果，效果好就追投；直播过程中也可以投放	购买流量很重要
	参与官方话题	

💡 周至猕猴桃直播脚本（部分）

　　周至自古以来就是农业大县，经过多年的产业结构调整，县域农业产业形成了南部以杏、李子、油桃、樱桃、核桃等为主导的秦岭北麓沿山杂果林带，中部以猕猴桃为主导的经济林带，北部以苗木花卉、蔬菜为主导的沿渭经济带，为乡村振兴奠定了产业基础。周至是世界猕猴桃的原产地和"中国猕猴桃之乡"，猕猴桃种植面积超 43 万亩，年产值超 140 亿元，连续 7 年稳居国内农产品区域公用品牌价值排行榜猕猴桃类第一名。

　　今天给大家带来的就是周至县翠峰镇的猕猴桃。翠峰镇因翠峰山而得名，山青唯翠，美山唯峰，故名翠峰。翠峰镇的物产以猕猴桃、杂果为主。境内自然景色秀丽，天然生态林木茂密葱翠，在唐朝时曾为唐太宗李世民避暑狩猎之地，曾建皇家园林。传说渭北扶风一带的忠贞节义"索姑娘娘"就曾隐居此山。载着美丽传说的翠峰山也被省林业厅批准为森林公园。翠峰镇地处秦岭北麓，地势西高东低、南高北低，气候温和，四季分明，雨量适中，所以产出的猕猴桃品质特别高。

　　大家可以看我面前的这个猕猴桃。周至猕猴桃名声在外，味道被描述为草莓、香蕉、凤梨三者的混合。2004 年，周至猕猴桃取得了欧盟有机食品认证，从而开辟了周至猕猴桃走向世界的新纪元。周至荣获"中国猕猴桃之乡"称号，周至猕猴桃被中国绿色食品发展中心认证为绿色食品。我国 60% 的猕猴桃鲜果产自周至，80% 的猕猴桃果干产自周至。

周至猕猴桃果实外观品质和内在品质非常优良，果个大，均在 100 克以上，果形整齐，酸甜适口，口感浓郁，果肉翠绿，商品性强。

猕猴桃的口感甜酸、可口，风味较好。果实除鲜食外，也可以加工成各种食品和饮料，如果酱、果汁、罐头等。八分甜、两分酸是猕猴桃的专属口感。马上就要到秋天了，秋天是丰收的季节。在这个丰收季之初，一定要来上一口酸酸甜甜的猕猴桃。很多人吃水果都爱问甜不甜，其实甜并不是评价水果的唯一标准，更不是最高标准。一个好的水果，除了甜，还要有果香！咱们的这个猕猴桃一打开就有一股扑鼻的果香，因为这个猕猴桃没有任何添加物，有一种纯粹的水果清甜味。拿到手后，记得放在阴凉处，注意轻拿轻放，避免光照、通风和长时间密封，这样才能长时间保存。猕猴桃富含维生素 C。大家可以看看，这个猕猴桃的皮很薄，果肉很细腻，肉厚多汁。口感是那种甜糯的口感，不是那种还没熟的脆生生的猕猴桃。咱们的猕猴桃绝对不打催熟药，真正的自然成熟，所以品质优异，外表好看，甜度高。而且咱们城傅村果业种植面积大，虫害管理也很好。到货后存放至全熟就可以食用了。每一个猕猴桃都是精心挑选的，果形饱满圆滑。

一份完整的直播脚本不仅可以让直播更有条理地进行，还能让运营人员更好地准备相关物料，避免出现失误。

 直播间产品介绍的 8 个维度

（1）产品展示

让用户大概了解产品情况，主要是传达产品的基础信息。

（2）产品背书

产品背书是指借用第三方的信誉、口碑和影响力，以明示或暗示的方式肯定产品，如知名专家推荐、获得了有公信力的证书等。

（3）产品优点

通过对比原料和价格、讲解工艺、强调发货快等突出直播间产品与其他同类产品相比具有哪些优势。

（4）角色扮演

例如，仓库管理人员突然强调库存告急，主播与上级领导协商解决方案或与供应商讨价还价等。

（5）优惠促销

围绕产品推出"满减""满赠""秒杀""限时限量限价"等促销活动。

（6）粉丝互动

粉丝互动可分为需求互动、痛点互动、体验互动等。例如，主播可以说："上次直播的时候有粉丝问还有没有火龙果，我们家是真的没有了，但是经过我多方查探，在我二舅的邻居家又为大家找到了500斤火龙果！"

（7）细节讲解

讲解产品细节，如材质、构造、包装等，让用户对产品有更深入的了解。

（8）消费场景

展示产品的消费或使用场景，既可以现场展示，如现场切西瓜品尝，也可以通过短视频等方式展示，如农民用自己家产的西红柿做饭的短视频。

4.4.3 直播次数和开播时间规划

直播有点像长期投资，只有坚持去做，才能不断积累流量，获得理想的效果。通常来说，主播要每天在固定的时间开播，一场直播至少进行3小时，还要在账号主页提醒观众每天的直播时间和主题，让观众产生期待，养成观看习惯。

这一点对新手主播来说尤为重要。坚持每天直播不仅有利于吸引流量、积累粉丝，还有助于平台快速识别账号，让账号从平台获得更多的自然流量。通常来说，新手主播坚持直播2周左右才能获得一定的人气并被平台识别和推荐。

直播平台统计数据显示，最佳开播的时间是18点到21点。每场直播开播后1小时左右通常会达到销售高峰，开播2小时后会达到流量高峰，整场直播的近一半订单会在这段时间产生。开播4小时后，流量会出现下滑，因此一场直播的时长以3~4小时为佳。如果是较长时间的直播，在开播4小时后可以借助抽奖、空降嘉宾或付费引流等方式吸引新的流量。

20点到23点通常是头部主播的开播时间，新手主播如果选择在这个时段开播，往往很难引流，因此建议新手主播错开这个时段开播（见表4-2）。

表4-2　适合新手主播开播的时段

序号	时段	是否适合
早	6：00—8：00	是
中	12：00—14：00	是
晚	17：00—20：00	是
晚	20：00—23：00	否
深夜	24：00—2：00	是

4.5 场地规划

很多人以为，只要有一部手机，有不错的产品，有优秀的主播，就能做好直播带货。事实上，直播带货除了要有优质的"人"和"货"，对"场"也是有要求的。当用户同时看到一个画面凌乱、光线昏暗的直播间和一个画面整洁有序、光线明亮温暖的直播间时，用户的直觉反应肯定是进入第二个直播间。因此，在直播规划阶段，场地规划也是非常重要的一环。

4.5.1 不同直播场景的场地

场地是指直播所在的地方、空间。对新手主播来说，直播场地够用就行，不必刻意追求多大的空间，但一定要确保直播场地干净、整洁、不嘈杂、不扰民，同时还要保证网速稳定。

图4-2 室内直播场景

（1）室内直播场景

室内直播场景包括线下展厅、家里、线下门店、菜市场、打包现场、批发市场等。如果是个人直播，场地面积控制在8~10平方米即可；如果是多人直播，场地就要大一点，面积控制在15~20平方米，如图4-2所示。

（2）户外直播场景

户外直播场景包括用于展示采摘、探险、日常生活、旅游、制作流程等户外活动的场景。户外直播通常会给用户带来自然、真实的感觉，非常适合三农领域的直播。户外直播因为要突出自然场景，所以直播场地一般要大一点，最好在20平方米以上，好让观众看到更多的自然景色，如图4-3所示。

a） b）

图 4-3 户外直播场景

（3）虚拟直播场景

虚拟直播场景以绿幕直播间为主，优点是可随意更换背景素材，缺点是容易让用户产生不真实感。虚拟直播场景的场地不宜太大，以免因布置不到位而出现纰漏，面积控制在 8~10 平方米即可，如图 4-4 所示。

图 4-4 虚拟直播场景

如何选择农产品直播场地

如果你是农民，就直接在田间地头直播。

如果你在农产品原产地，就直接在原产地直播。

如果你周围有农产品供应链基地，就直接在供应链基地直播。

如果你是做农产品批发的，就直接在批发仓库直播。

4.5.2　直播环境的选择和布置

直播环境以安静为第一要务。无论在什么场地直播，环境打造的第一步都是选择安静的空间，还要做好隔声。直播间还要保持光线适宜、环境整洁。我们可以把产品、赠品堆放在直播间里，但不能乱七八糟地摆放，如果无法保证整洁，就不要让它们出现在镜头中，如图 4-5 所示。

a）　　　　　　　　　　　　　b）

图 4-5　直播环境的布置

直播间的前景、中景、背景

（1）直播间前景
前景主要展示主播前方摆放的产品及其他物品。前景区的布置要重视细节和质感，切不可凌乱，更不可摆放腐烂、品相不好的农产品。

（2）直播间中景

中景主要展示主播及其活动区域。中景区一般是主播讲解区，重点在于主播上半身的整体展示及操作演示。

（3）直播间背景

主播身后的所有布置都可以称为背景。背景区可以做品牌形象展示，也可以摆放产品、赠品，还可以展示直播主题。

4.5.3　直播间灯光和背景设计

直播间的灯光和背景是营造直播氛围的关键，也是直播间装修的关键。

（1）直播间灯光设计

直播间的灯光通常包括主光、辅光、轮廓光、环境光等。主光主要用于提亮主播面部，所以一般位于主播头顶；辅光用来给主播周围的暗部区域打光，可根据场地的具体情况进行布置；轮廓光主要用于凸显主体，这个主体既可能是主播也可能是产品，因此同样需要根据实际需要进行布置；环境光主要用于营造氛围，让直播画面更清晰，因此光线不需要太强。

直播间已经打了很多灯光但场景还是不够明亮，往往是因为前景和背景的光差异太大，导致光分布不均匀或形成了逆光。这时建议请专业的调光师对灯光进行调整，打造更明亮的直播间。

不同的直播场景、直播间氛围需要不同的灯光设计。例如，女装直播间不仅要突出衣服的质感，还要保证主播试穿时整体效果协调、好看，因此不仅需要提亮主播面部的灯光，还需要凸显主播身体轮廓的灯光，以及凸显服装细节的灯光。最后，还需要布置直播间整体氛围光。

（2）直播间背景设计

直播间背景主要是指主播身后的布置，不同的直播场景对背景设计的要求也不同。

图4-6　室内直播间背景设计

如果是室内直播间，背景最好使用纯色的背景墙，但不要用大白墙，因为直播间的灯光会打得比较亮，纯白色容易引起反光。背景墙的颜色可以选用深灰色或浅棕色这种深色系颜色，同时要与主播的服装、直播间的其他装饰相匹配，以突出主播、观众看着舒服为原则。除了背景墙，尽量不要在背景布置太多的东西，否则容易让人觉得凌乱，也容易分散观众的注意力。如果场地太大，不想让直播间显得太空，可以适当添加几件装饰品，如图4-6所示。

虚拟直播间的背景一般是绿幕，配合计算机直播软件可以任意切换背景。背景可以展示直播主题、产品卖点、产品使用场景、活动介绍等信息，如图4-7所示。

图4-7　虚拟直播间背景设计

如果是室外直播间，背景一般是自然风景，如田间地头、乡间小路等。开播前最好对场地进行整理，确保出现在镜头中的场景看起来整洁、自然，如图 4-8 所示。

图 4-8　室外直播间背景设计

网上有很多直播间背景布置道具，如 KT 板、货架等，我们可以根据实际需要购买。事实上，对农产品直播来说，真实、质朴才是最重要的，任何有可能让观众觉得虚假、凌乱的装饰都是多余的。

4.5.4　直播背景音乐设计

无论是短视频还是直播，添加合适的背景音乐都是非常有必要的。这也是近年来出现那么多"抖音神曲"的原因之一。

选择背景音乐时不要一味地选择热门歌曲，再好听的歌曲，观众听多了也会腻；也不要选择过于个人化的歌曲，你喜欢的歌曲不一定是观众喜欢的；更不要选择冷门的歌曲，大部分观众都是普通人，农产品消费者更喜欢有人间烟火味的东西。

　　既然是背景音乐，就一定不能喧宾夺主，声音不能太大。背景音乐的主要作用是为主播的播报增色，缓解主播在停顿间隙的尴尬。归根结底，直播带货的第一目标是卖货，一切行为都应该为卖货服务。因此，背景音乐要配合主播的风格进行设计。如果主播是热烈昂扬型的，背景音乐就要选择激昂一点的；如果主播是温和型的，背景音乐也要选择舒缓一点的。不过，无论主播是哪种类型的，主播与观众聊天互动的时候背景音乐都要舒缓一些，好让观众产生亲切感。

4.5.5　直播带货设备和工具

　　新手刚开始做直播时不需要太复杂、太专业的设备和工具，只要能用就行。尤其是对农产品直播来说，预算不多，操作也不熟练，准备太多的设备和工具反而是一种负担。

　　直播主要分为手机直播和计算机直播两种形式。如果是手机直播，很多时候只需要一部手机和一个手机支架。如果是计算机直播，就需要准备高清摄像机、高配置计算机和声卡，在抖音做直播还需要安装抖音直播伴侣。

　　积累了一定经验之后，我们可以参考表 4-3 对直播带货设备和工具进行更新。

表 4-3　直播带货设备和工具清单

设备和工具	选购建议
直播计算机	配置要高，要能处理高清视频
运营计算机	配置可以稍低一些，满足普通办公需求即可。一般要配备两台，一台用于产品上架和下架，另一台用于投放及其他运营工作
直播手机	手机前置摄像头像素值较高，拍摄功能更强大
麦克风	最好是电容麦克风，在无杂声的安静环境下效果不错
监听耳机	监听耳机专门用于直播时的监听，对娱乐主播来说是必备的，带货主播可视情况配备

（续表）

设备和工具	选购建议
直播摄像头	如果是计算机直播，必须配备高清摄像头，最好是自带美颜效果的摄像头。经济条件允许的话，可以购买内置网络编码功能的专业摄像设备，这种设备比一般的高清摄像头效果更好
专业声卡	专业声卡可以让主播的声音更有魅力，不需要购买非常高端的声卡，只要声卡具备伴奏、特效声、音质加强等功能就可以了
灯光	包括球形灯、环形灯、地灯等，根据实际需要选购
手机支架	如果是全身出镜，就要购买长杆支架；如果是半身出镜，购买桌面支架即可
话筒支架	款式有很多种，根据实际需要选购
自拍杆	户外走播必备，一定要选购直播用的自拍杆
手持云台	和自拍杆的作用差不多，手持云台可以让画面更稳定

　　主播要爱护设备和工具，下播之后一定要做好维护工作。设备要分类放置，防止串用，否则下次直播时还需要重新调试。下播之后，要及时为设备如直播手机、话筒等充电，否则下次开播时发现设备没电就会很麻烦。

第 5 章

开播准备：夯实农产品直播带货的根基

5.1　直播间准备

在农产品电商的"人、货、场"中，直播间是必备且非常重要的一个"场"。观众进入直播间后第一时间就会看到直播间呈现的画面。除了第4章介绍过的直播间硬件设施，做农产品直播还要设计直播标题和封面、直播话题、直播间页面、直播间产品摆放等。在开播之前做好这些方面的准备，不仅有助于预热，还会对直播效果产生重要影响。

5.1.1　直播标题和封面怎么设计

直播标题和封面在很大程度上决定了观众是否会进入直播间，因此一定要重视直播标题和封面的设计，给观众留下深刻的第一印象。

（1）直播标题设计技巧

直播标题字数最好控制在10~30字，文字描述要精准，要有亮点，突出利益点，以吸引精准用户进入直播间。这里的"利益点"强调的是给用户带来了什么价值，也就是明确告知用户直播间可以提供什么。如果是带货直播间，标题就要突出这场直播有什么产品，如野生木耳、新疆哈密瓜、纸皮核桃等，如图5-1所示；如果是聊天直播间，标题就要突出这场直播的主题是什么，如"老人该不该带孙子""老公该不该做家务"等。

图 5-1　直播标题设计

按照平台规则，直播标题中不能出现"秒杀""清仓""工厂""批发""倒闭"等字眼，建议将这类信息写在直播间简介里。

每场直播都要对标题引流效果进行数据统计，带来较高流量的标题可以在调整、修改后多次使用。

农产品直播标题设计技巧

（1）突出地域

例如，"直播达人助力陕西农产品'卖全国'""宝鸡扶风：直播带货电商助农"都是很好的例子。农产品具有非常强的地域属性，在直播标题中突出地域可以吸引对该地域农产品感兴趣的精准用户进入直播间。

（2）突出三农属性

例如，在直播标题中添加"助农""惠农""农产品""农民""农村"等字眼，借力乡村振兴的潮流，吸引目标用户。

（3）活用高流量热词

把直播平台近期出现的高流量热词用在直播标题中，不仅可以获得更多的平台分发流量，还能快速吸引用户的注意。在使用高流量热词的时候需要注意，这些词一定要与直播主题或产品紧密相关，不可出现夸张、虚假宣传的情况。

（2）直播封面设计技巧

直播封面要清晰、美观、大方，突出产品卖点，不宜过于艳丽。封面呈现的信息要有重点，不能把直播的所有信息都堆在上面。例如，如果以产品为核心，只需选一款主推产品放在封面中即可；如果想突出原产地直播、品质可靠，可以在封面中直接展示原产地、果园、菜园等；如果想突出价格便宜，把要卖的农产品成堆摆放展示就可以了。主图确定之后，再在主图上添加直播标题即可完成直播封面设计，如图5-2所示。

图5-2　直播封面设计

需要注意的是，直播封面中不能包含联系方式、二维码及违禁词。

5.1.2 直播话题怎么设置

话题标签实际上是直播的分类标签。话题标签设置得好，平台就会把这场直播推送给更多的目标用户，因此直播前最好设定一些话题，以吸引自然流量。话题一定要与产品的特征、卖点紧密结合，但广告性质不能太明显。

各个平台的直播话题设置方式有所不同。以抖音为例，如果刚开通直播间，那么可以在直播间界面左上角点触"话题设置"按钮，按提示设置话题即可；如果直播间已经打开，那么可以点触右侧下方的"…"按钮，然后点触"话题设置"按钮设置话题（见图 5-3）。一般来说，输入"#"和话题名称即可添加话题。

图 5-3 设置直播话题

话题的结构一般有两种，一种是"类目词＋活动词"，如"农产品专场"；另一种是"修饰词＋类目词"，如"优质农产品"。我们也可以为直播设置主播正在讲的话题，如"西红柿怎么炒更好吃""如何挑选苹果"等。

如果可能，最好提前准备一些话题，在直播的不同阶段及时更换话题。

5.1.3　直播间页面怎么设置

开播前点触"设置"按钮，或者在直播过程中点触右下角的"…"按钮，即可对直播间页面进行设置。直播间页面需要设置的地方并不是很多，但对新手来说，以下三个方面一定要设置。

（1）直播介绍

进入直播间的观众可以在直播间界面左下角看到直播介绍，从而快速了解这场直播的情况，确定是否留下来继续观看。直播介绍一般包括直播的内容、活动、话题及主播人设等，要尽可能言简意赅，让观众知道直播间在干什么。

例如，看到"源头工厂""产地直发""东北大米""一站购齐"等信息，想买大米的观众就会留在直播间，继续了解、咨询、观看。再如，对铁棍山药有需求的观众看到"河南温县正宗垆土地铁棍山药夏季冷库新鲜发货，室内出摊啦"这样的标题后，就会在第一时间锁定直播间，如图 5-4 所示。

（2）清晰度

直播的清晰度、流畅度直接影响观众的体验。设置清晰度的原则是宁可不够清晰，也绝不可以卡住。如果网络状况比较好，清晰度就设置为 1080P；如果网络状况不太好，清晰度就设置为 720P（见图 5-5）。如果网络状况一般或不好，清晰度一定不要设置为 1080P，万一直播过程中出现卡顿，就会直接导致观众快速流失。

图 5-4　直播介绍

图 5-5　清晰度设置

（3）直播间公告

直播间公告是一个非常好的宣传阵地，用好了，直播效果倍增。直播间公告展示的内容通常包括：① 直播预告，如直播时间、直播主题等；② 直播目标，如"销售 3 000 斤苹果"，在公告中展示直播目标可以时时提醒主播和观众本场直播的主题是什么；③ 直播亮点，例如，"直播间不定时 9.9 元猕猴桃全国包邮"这样的内容可以吸引粉丝在直播间停留，改善直播数据，如图 5-6 所示。

图 5-6　直播间公告设置

直播间公告可以展示的内容还有很多，在不违反平台规定的前提下可以根据每场直播的需求添加相应的内容。

5.1.4　直播间的产品怎么摆放

产品摆放方式可以烘托直播间的销售氛围。当观众进入直播间时，产品摆放所产生的视觉冲击会直接影响观众的消费意愿和留存情况。不同类目产品的摆放技巧有所不同，建议先借鉴同行的做法，然后根据自己直播间的情况进行适当调整。

根据农产品的特性和用户对农产品的需求，我们可以在农产品直播间采取以下几种方式摆放产品。

（1）原产地室外摆放

使用这种摆放方式主要是为了表现农产品的生长环境及原生态、环保等特性，使农产品摆放与周围的自然环境自然地融合起来。例如，直播在葡萄园进行，新鲜的葡萄挂在枝头，主播身边摆着刚刚摘下的 2~3 箱葡萄。摘下的葡萄不宜过多，否则观众会觉得不够新鲜，如图 5-7 所示。

图 5-7　原产地室外摆放

采用原产地室外摆放这种方式时一定要给观众从田间地头到嘴边无缝对接、从树上到口边只差下单的感觉。最好在打包现场直播发货过程，让观众看到分检的程序，尤其是次果、坏果、烂果被挑出来的过程，打消观众的顾虑。

（2）室内陈列架摆放

如果是推广多种农产品的助农专场直播，就可以用陈列架摆放产品。但如果直播间特别小，就不要设置陈列架了，以免显得直播间过于拥挤。在这种情况下，建议把这场直播销售的产品有序摆放在镜头里。如果产品过多，选择 2~3 种重点推介的产品摆放就可以了，如图 5-8 所示。

a)   b)

图 5-8   室内陈列架摆放

农产品直播间的产品摆放以整洁有序为第一要求，切不可因为想要表现农产品的原生态而随意摆放，让直播间看起来杂乱不堪。

5.1.5   直播间测试与调试

直播开始之前，为了确保直播效果，主播一定要出镜做好直播间测试与调试。

（1）直播间环境

仔细查看直播间环境是否干净整洁，光线是否充足均匀。如果镜头中出现与直播无关的杂物，就要及时清理。

图 5-9 展示了不同直播间环境的优缺点。

a）　　　　　　　　　　　　b）

图 5-9　不同的直播间环境

（2）镜头测试与调试

镜头测试与调试的重点是确保主播出镜的状态、形象最佳。无论主播是站着还是坐着，都要确保主播位于画面的中心位置，脸部位于画面中上部，画面上方要露出主播的头顶。镜头拍摄高度要控制在平行于主播额头的位置，从上往下拍。话筒、支架等设备尽量不要出镜，如果必须出镜，也要注意不要让其挡住主播的脸部，如图 5-10 所示。

图 5-10　镜头测试与调试

（3）直播软件测试与调试

不同的直播平台的操作流程和操作方式会有所不同。因此，在直播之前，团队需要对直播软件进行反复测试，确保操作熟练。一方面，主播、主播助理等直播人员要熟悉直播过程中常用的开始、镜头切换、声音调整等操作；另一方面，直播团队的其他人员要以观众的身份进入直播间观看，对直播间的画面、声音等进行检查，一旦发现问题就要及时解决。

5.2　主播准备

主播是直播间的销售员，也是决定直播带货效果的关键人物。什么样的人适合做带货主播？如何才能成为优秀主播？口才不好怎么做直播？如何提高自己的人设辨识度？直播过程中个人生理问题怎么解决？直播之前心情不好怎么办？这些是很多主播都面临的问题。如果在开播之前这些问题不能得到妥善解决，直播效果就会大打折扣。因此，主播一定要做好全面的准备，以饱满、热情的状态开始直播。

5.2.1　如何成为一名优秀的主播

做带货主播一定要有积极展现自己的习惯和意愿。如果认为出现在镜头中是一件很难的事，那么成为一名优秀的主播恐怕就非常难了。因此，对不会发自拍、不喜欢发朋友圈的人来说，成为一名优秀的主播是十分困难的。

对很多自产自销的农产品主播来说，主播这个身份在某种程度上等同于创业者。要想创业成功，第一步就是要勇于突破自我。

成为优秀主播的 9 个要点

（1）**让自己变得幽默**。幽默的人更有亲切感，更容易让进入直播间的观众留下来。

（2）**开播时间要固定**。定时定点直播，这样做不仅更容易被平台识别及推流，也更容易被粉丝记住，使之产生期待感。

（3）**开播前更新短视频**。短视频自带流量，短视频内容要与直播主题相关，从而产生预热的效果。

（4）**打造人设**。有人设的主播容易被人记住。

（5）**不失风度多感谢**。无论是新观众进入直播间时，还是直播结束时，主播都要表达真诚的感谢，这能让直播间的观众产生好感，从而愿意停留更长的时间，甚至变成粉丝。千万不要只在粉丝送礼物或下单的时候才表示感谢，这会让其他观众感到不舒服。记住，直播间的每一位观众都是潜在粉丝。

（6）**快速进入状态，有激情。**主播要用情绪感染观众，让观众知道主播很用心、很努力。

（7）**多喊点赞、关注。**主播要多用声音引导观众，观众很可能会按照指令行动。

（8）**时刻关注粉丝灯牌。**粉丝灯牌既可以体现付费人数，也能体现关注量。

（9）**选好背景音乐。**适宜的音乐能够激发观众的情绪，使之产生下单购买的意愿。因此，善于选择合适的背景音乐是优秀主播的必备素质。

5.2.2　口才不好怎么做直播

对农产品主播来说，口才和知识储备比颜值更重要。如果农产品主播说不好普通话，使用方言做直播也会显得很有特色。但是，如果方言过于独特，很难听懂，主播就要多练习普通话了。

对新手主播来说，一开始不必过于在意口才，最重要的是真正迈出第一步，开始做直播。主播一定要给自己打气加油，勇敢自信地开始直播，然后慢慢积累经验，不断地提升自己。如果担心自己在直播过程中忘词，可以提前准备一个备忘录，通过借鉴其他同类主播的经验、看书、网络搜索等方式准备一些好词、好句、好话题。此外，在直播中保持谦逊的态度，学会赞美和感谢他人，也可以让主播显得更有魅力。

除了以上这些，主播要想提升自己的口才，还要注意以下几个方面。

（1）**逻辑清晰**

逻辑清晰是指主播在表达时语句通顺、因果清晰、前后连贯。在直播带货中，这一点非常重要，直接决定着观众能否通过主播的介绍快速了解产品并下单。无论是新手主播还是很有经验的主播，要想做到这一点都离不开提前准备、反复练习。尤其是介绍产品的台词，一定要提前背熟，然后通过不断的练习进行打磨，力争做到逻辑清晰。

（2）少用语气助词

语气助词是人们在说话时经常会用到的表达情绪的词语，如"啊""呢""嘛"等。虽然在直播中使用语气助词并不违规，但主播过多地使用语气助词会让观众觉得不太舒服，影响观众的体验。如果主播在日常生活中就有这种习惯，就要刻意规避并想办法改掉这个习惯。

（3）少说"废话"

"今天我给大家推荐的这个苹果很好吃""今天我给大家推荐的这款大米很好吃"，像这种没有具体讲清楚产品好在哪里的"废话"，讲一次没有问题，但如果每个产品都这么讲，或者介绍同一款产品时反复讲同样的话，就是"废话"太多了。主播介绍产品一定要具体，最好针对产品的某一个方面进行详细解说，这样就不会产生词穷的感觉，观众也不会觉得"废话"太多。

（4）少讲专业术语

专业术语往往只有少数观众能够理解，而且有可能存在争议，因此要少讲。农产品直播可能涉及一些与农产品相关的专业术语，如果不能用通俗的语言进行解释，最好避免使用。

💡 如何练习控制语速

（1）计时朗读

选择一段 150 字（包括标点）左右的文字，计时 1 分钟，进行朗读练习。最好不要选择诗歌和散文，诗歌和散文中蕴含的情感比较丰富，可能会影响语速。朗读的时候要做到发音准确、吐字清晰、语句流畅，并用手机进行录音。练习结束后播放录音进行复盘，改进不足之处。每天练习30次，大概一个月左右就可以养成习惯。

（2）刻意模仿练习

直播间的主播与传统的新闻主播虽然岗位性质不同，但在语言表达方面要遵守的要求是一致的。因此，主播可以模仿新闻主播的语调和语速。刚开始模仿的时候最好不局限于某位主播，而是通过模仿不同主播寻找最适合自己的朗读方式和语速。模仿一段时间之后，就可以选择自己喜欢或最适合自己的主播进行长期模仿练习。

（3）播报练习

准备好150字（包括标点）左右的讲稿，计时1分钟，进行播报练习。到60秒时必须停止，然后根据情况调整自己的语速。如此反复练习播报，但一定不要背诵讲稿。如果主播在直播间机械呆板地背诵讲稿，恐怕很难留住观众。因此，在做播报练习时，不仅要控制语速，还要让真情自然地表露出来。

5.2.3 提高人设辨识度

要想从众多主播中脱颖而出，就要提高人设辨识度。通常来说，主播可以根据自己的性格特点打造人设。例如，主播的性格率直，就可以在直播中明确表示"我是自产自销的果农，我需要挣钱，但是只挣该挣的钱，不赚差价，我为大家提供原产地直销的新鲜水果"，这样说会让观众产生好感。

主播在打造人设时，可以从听觉和视觉两个维度出发。

（1）听觉：一句话人设

很多品牌都有一句话口号，这类口号朗朗上口、方便记忆。主播在打造人设时，同样需要设计一个20字以内的人设标签，如"西邮赵小赵，做最有温度的大学老师"。

此外，特色方言、特殊语气助词、音乐等也可以成为人设标签。前文提到主播要少用语气助词，强调的是在直播过程中不要使用太过普通、没有意义、没有特色的语气助词。但是，如果你拥有一个极具个人特色的语气助词，它就可以成为你的人设标签，如"大山乐涛淘，带您淘岚皋""爱唱歌的李谷二"等。

（2）视觉：风格强化

从视觉维度进行风格强化主要是指设计装扮、动作及直播画面色调等。例如，有的主播只准备一套上镜服装，每场直播都穿同样的衣服出镜，久而久之就形成了自己的人设。

主播的人设打造并不局限于直播间，短视频、公众号、微博等都是打造人设的舞台。主播要持续强化人设打造，对自身进行一体化包装。

5.2.4　主播个人生理问题的解决办法

曾经有一位很知名的带货主播在接受采访时表示，自己在直播的时候最难受的就是想去洗手间又太麻烦，只能憋着。这种经历听起来似乎很有趣，但真正体验一下，就会感到很痛苦。在直播过程中，如果主播长时间不在镜头中出现，平台可能就会直接关播。因此，如果直播团队中没有主播助理，只有一位主播，那么提前解决个人生理问题对保证直播效果是非常重要的。

主播一般都要不停地说话，所以很容易感到口渴，如果强忍着不喝水，不仅会影响直播效果，时间长了还有可能伤害身体。因此，提前准备好水杯放在旁边是非常有必要的。但是，为了避免出现中途想上洗手间的问题，建议小口喝水，缓解口渴就好。此外，在开播之前最好先去一趟洗手间。如果直播时间很长，一定要在直播间附近专门为主播设置一个洗手间。

这些看似很小的细节，却极有可能成为决定直播成败的关键。

5.2.5　主播的心理建设

主播是一个非常需要信心、热情和毅力的职业。主播的状态对直播效果有非常大的影响。

> 💡 **新手主播常见的心理误区**
>
> （1）认为只要对着手机说话就可以，低估了主播工作的难度和专业要求。
>
> （2）对自己的外貌缺乏自信，不敢出镜。
>
> （3）抱着试一试的态度，开播几天没有见到效果就不再继续。
>
> （4）直播时遇到质疑、批评就难以承受。
>
> （5）患得患失。

很多新手主播都会陷入这些心理误区。一旦陷入误区不能自拔，主播就可能很难再向前迈出一步，直播事业也就无法继续下去了。即使勉强开播，主播也会因为心理压力过大、直播效果不佳而放弃。因此，主播在开始直播之前必须做好心理建设，以最佳状态进入直播间。

（1）做好角色定位

对带货主播尤其是农产品主播来说，外貌其实并没有那么重要，质朴、真诚才是最吸引人的。

（2）保持平常心

带货直播与线下销售很相似，都是需要长期坚持的事业，所以主播要保持平常心，客观看待直播间的人气、销量变化，不要过分重视一时的得失。

（3）持续学习

任何一项事业、一份工作都有一个熟能生巧的过程。只有在实践中不断学习、提升，才能成为优秀的主播。

（4）情绪调整

紧张、失落等负面情绪都会影响直播效果，因此，主播在开始直播之前要调整好自己的情绪，例如，通过调整呼吸缓解紧张情绪、放松心情。

5.3 合规准备

随着直播行业的快速发展，行业的规范性发展也逐渐被提上议事日程。一系列与直播相关的政策法规相继出台，各大直播平台也制定了自己的规范，主播一旦违规就有可能导致账号被封，甚至无法再做直播。因此，在开始直播之前，主播及相关人员要对直播间违禁词、直播间违规画面、直播连麦违规行为等有所了解，在直播过程中做好规避和应对。本节仅介绍部分违禁、违规内容。随着直播行业的发展，无论是政府相关部门还是直播平台都会陆续推出新的政策和规定，直播人员只有随时关注、及时了解相关政策和规定，才能避开雷区，获得更长远的发展。

5.3.1 直播间违禁词

直播间违禁词包括两类，一类是主播在直播过程中说的一些不合规的词语，另一类是直播间标题、宣传文案等文字信息中出现的违禁词。避免出现违禁词不仅是主播的工作，直播团队其他成员也必须做好这项工作。下面列举了微信视频号直播间部分违禁词供大家参考。

> 💡 **微信视频号直播间部分违禁词**
>
> （1）包含"最"字的词，如"最好""最佳""最爱""最赚""最优"等。

（2）含有"第一"意思的词，如"中国第一""全网第一""销量第一""NO.1""TOP1"等。

（3）代表权威性的禁用词，如"质量免检""老字号""中国驰名商标""特供""专供"等。

（4）与首、家、国有关的词，如"首个""首选""全国首家""全网首发""独家""全国销售冠军"等。

（5）"国家级"（相关机构颁发的除外）"世界级""顶级"等。

（6）显示品牌地位的词，如"王牌""领导品牌""世界领先""遥遥领先"等。

（7）表示绝对、极限但无法考证的词，如"史无前例""万能""100%"等。

（8）涉嫌欺诈消费者的词，如"点击领奖""恭喜获奖""全民免单""点击有惊喜"等。

（9）涉嫌虚假宣传的词，如"永久""万能""祖传""特效""无敌"等。

5.3.2　直播间违规画面

直播间违规画面主要是指直播过程中镜头中出现的违规画面。下面列举了微信视频号直播间部分违规画面供大家参考。

微信视频号直播间部分违规画面

（1）孩子出镜，未成年人参与直播。

（2）不当展示国家或国家机关的标志、徽章，如国旗、国徽等。

（3）涉及"黄、赌、毒"的内容，如色情影片或照片，长时间暴露私密部位，展示赌球、赌马、老虎机、扑克、麻将等赌博相关内容，讲解毒品制造过程、吸毒等。

（4）侵犯他人合法权利，如肖像权、名誉权、商标权等。

（5）侵犯他人隐私，如偷拍，公布他人联系方式、聊天记录等。

（6）盗播、转播他人知识产权内容或泄露他人商业机密。

（7）投资、融资类内容，如推荐股票、网贷，推销证券、期货，提供有偿咨询服务。

（8）暴力和恐怖画面，如虐待、杀害动物，殴打、暴力威胁他人。

（9）假吃、以催吐方式进食、宣扬量大多吃、胡吃海塞、暴饮暴食等内容。

（10）展示使用（仿真）刀具、枪支，表演危险动作。

（11）未经资质审核，发布新闻或时政信息。

（12）未经资质审核，发布募捐、筹款等公益慈善类内容。

（13）迷信类内容，如算命、法术、驱鬼、预测运势等。

（14）未经资质审核，宣传医疗服务、药品、医疗器械、农药、兽药、保健食品、烟草、成人用品等。

（15）解说或展示未取得文化行政部门内容审查批准文号或备案编号的网络游戏产品。

（16）推广未经允许的第三方平台服务，如其他平台的二维码、外部链接等。

（17）引导线下交易，导流至其他平台交易、银行卡交易。

（18）展示、宣传假币，或出现人民币等纸币。

（19）主播离开直播间，画面长时间不动，没有声音。

（20）录播，一人多机位直播或录播等。

5.3.3　直播连麦违规行为

直播过程中与他人连麦是常见的营销方式之一，有助于带动双方的流量。不过，在连麦过程中万一有一方违规，双方可能都会被封号。因此，相关人员要对直播连麦违规政策有所了解。娱乐直播连麦违规政策与带货直播连麦违规政策有所不同，下面列举了抖音带货直播连麦部分违规行为供大家参考。

抖音带货直播连麦部分违规行为

直播连麦过程中，通过恶意砍价、吵架、卖惨、夸大原价、夸大优惠力度等演戏炒作方式进行恶意营销、虚假宣传，以此诱导用户购买产品，严重影响用户体验，损害消费者利益，扰乱平台交易秩序。

此类违规行为包括但不限于直播连麦过程中表演恶意砍价、吵架等虚假剧情，夸大优惠力度、夸大原价，演戏炒作主播之间的"矛盾"，通过下跪、卖惨、自残等行为博取用户同情。

5.4　新号开播准备

新号开播一般没有什么人气，也没有基础数据，这就需要直播人员深入了解与直播相关的专业术语、流量来源有哪些、如何降低直播成本、如何做数据等，为直播事业打好基础。

5.4.1 新手必须了解的专业术语

很多做直播带货的新手对平台中出现的专业术语一头雾水，搞不清楚各种术语的意思，从而无法解读平台的政策，难以学习别人分享的直播带货经验。下面列举几个新号开播必须了解的专业术语。

新号开播必须了解的专业术语

场观：即单场观看量，指有多少人观看了这场直播。场观与粉丝数量的关系其实并不大，对场观起决定性作用的是账号权重。

GMV：Gross Merchandise Volume 的首字母缩写词，指一场直播的销售总额。

UV：人均销售额。计算方法为：GMV ÷ 观看总人数，或转化率 × 客单价。

ATV：Average Transaction Value 的首字母缩写词，指平均每个顾客的成交额，即客单价。计算公式为：ATV=GMV ÷ 在直播间消费的用户总数。

ROI：Return On Investment 的首字母缩写词，指投入产出比。计算公式为：ROI=GMV ÷ 坑位费。例如，坑位费是 3 万元，ROI 设定为 3，也就是说 GMV 最低要达到 9 万元。

平均停留时长：进入直播间的用户平均停留了多长时间。计算方法为：直播总时长 ÷ 观看总人数。

CTR：Click-Through-Rate 的首字母缩写词，指点击率。

PCU：Peak Concurrent Users 的首字母缩写词，指直播间最高同时在线人数。

5.4.2 新号直播自然流量的来源

自然流量与付费流量相对应，是指不需要付出成本就可以获取的流量。对直播带货来说，这种免费流量自然是多多益善。要想让直播间获取更多的自然流量，就必须弄清楚直播间的自然流量是怎么来的。

> **抖音新号直播自然流量的六大来源**
>
> （1）**直播推荐**。通过推荐页面进入直播间，通过直播间经营数据指标撬动流量推荐，通过提升直播间停留、互动、转化指标优化流量来源。
>
> （2）**抖音群**。抖音群相当于抖音里的私域流量，群里的小伙伴可以看到直播通知。
>
> （3）**视频推荐**。视频上了热门，刷到你的视频的用户有一部分会进入你的直播间。
>
> （4）**粉丝**。粉丝对你有基础的认知和认同感，也是直播间最好的守护者。
>
> （5）**个人主页**。将直播时间固定，在个人主页上广而告之。
>
> （6）**打开同城**。同城是指和你在同一个城市，平台在直播刚开始时会为其推荐部分同城观众。

5.4.3 新号开播如何降低直播成本

直播成本可以分为很多方面，如人力成本、装修成本、营销成本等。其中，人力成本、装修成本通常是固定的，因此这里重点分析如何降低直播的营销成本。对直播来说，营销的目的在于引流，增强观众的信任感和认同感，培养用户观看、消费的习惯。因此，降低营销成本的本质是降低信任成本、认同成本和习惯成本。

（1）降低信任成本

信任成本是指主播为获得观众的信任而付出的成本。对带货主播来说，在产品介绍环节需要付出的信任成本最大。事实上，主播过度解读、过分夸大产品的卖点，反而容易引起观众的怀疑，观众在选购产品时真正需要、信任的恰恰是实事求是、客观真诚的推介。

例如，某知名主播在介绍产品时会在展示板上列出该产品在各大电商平台上的售价，让观众通过对比理性选购。

（2）降低认同成本

认同成本是指主播为了获得观众对产品的认同而付出的成本。有时，主播反复强调产品有多么好、多么超值并不能获得观众的认同，而从观众需求出发介绍产品要省力很多，更容易获得观众的认同。

例如，在推荐一款羽绒服的时候，如果一味强调面料防水、挡风，羽绒品质上乘，保暖效果极佳，观众可能很难产生认同感；如果借助冬季寒风凛冽的场景介绍产品的优点，观众就很容易产生认同感。

（3）降低习惯成本

习惯成本是指主播为了培养观众观看、消费的习惯而付出的成本。不少主播在直播过程中花费大量的时间和精力告诉观众如何观看直播、要求观众下单，这些行为恰恰容易导致观众流失。如果主播根据观众需求以产品为核心做直播，就更容易将观众留在直播间。例如，销售西红柿的时候，不能只介绍西红柿有多么好，还要介绍西红柿的生长环境及生长过程中发生的故事，甚至现场展示怎么用西红柿做菜。

💡 新号直播间人少怎么办

解决新号直播间人少的问题主要有两个思路：要么让来的人足够多，要么让走的人足够少。也就是说，要解决引流和留存的问题。

（1）福袋提醒

例如，主播可以说："来，宝贝们，左上角的福袋先领一下。不要着急，我给你们说一下今天直播间有什么是你们必抢的。"

（2）"爆款"推荐

例如，主播可以说："我身上的这件白衬衣（"爆款"推荐）是今年的"爆款"，搭配我们最新的秋款牛仔裤（新品推荐），非常好看！"

（3）福利预告

例如，主播可以说："福袋活动结束的时候，你们提醒一下我，咱家有一件好评率特别高的百搭瑜伽裤，今天直接拿来做福利，连39元都不要。宝贝们，别走开！"

5.4.4　从第一场直播就要学会做数据

没有数据就没有流量，对新手主播来说，做第一场直播时就要学会做数据。那么，如何有效且合规地做数据呢？我们要从平台考核入手，平台考核什么指标，我们就做什么数据。以抖音为例，直播平台对每一场直播的考核主要体现为以下5个数据，这些也是直播团队从第一场直播就要学会做的数据。

（1）点赞数

虽然直播平台对点赞数并没有明确的要求，但实际上点赞数越多越好。尤其是开场，点赞数越多，平台分发给直播间的流量就越多。因此，主播要在直播过程中不断地引导观众点赞。当然，凡事过犹不及，如果一场直播变成了主播一直说"请给我点赞"，恐怕吸引再多的流量最终也会流失。

（2）评论数

评论数和点赞数一样，越多越好。不过，抖音平台的规则是每个用户在每一场直播只能发布一次有效评论，也就是说，同一个用户在同一场直播中多次发布评论，平台只认定为一次有效评论。但是，观众在直播间看到的是不断滚动的评论，所以即使是同一个人不断地发布评论，对直播效果也是有影响的，可以帮助直播间营造良好的氛围。

（3）付费人数

在直播过程中，主播要经常与观众互动，引导观众点亮粉丝灯牌（需要少量付费）、下单等。

（4）新增粉丝

新观众进入直播间，第一次点关注，就属于新增粉丝。这个时候，主播要及时与新观众互动，表示欢迎、感谢，吸引其他尚未关注的游客转化为新增粉丝。

（5）停留时长

抖音平台十分注重观众的停留时长，该指标在考核中的权重最高。因此，主播要不断地通过互动增加观众的停留时长。

新手开播前 3 天怎么做

新手开播第一天，开播前要发作品；

记得分享直播间，自我介绍要真实；

心态一定要调整，状态积极又热情；

坚持直播很重要，分享经历和过程；

互动点赞必须有，来人欢迎并感谢。

新手开播第二天，发放福袋和红包；

免费赞赞戳一戳，粉丝灯牌要点亮；

增加 100 亲密值，公平互动交朋友；

引流款来发福利，大众消费刚需品；

感谢家人来下单，快把宝贝带回家。

新手开播第三天，设置封面很重要；

同城位置要打开，开场介绍要简洁；

围绕主题来带货，分享收获和成绩；

榜上大哥点关注，互动一波来互粉；

进来宝宝戳赞赞，互帮互助一家人。

第 6 章

互动营销：拉高农产品直播间的人气

6.1 直播间互动营销活动设计

直播是一种即时性、强互动的内容形式。与短视频相比,直播对内容的要求更高,同时变现能力也更强。但是,直播的时间比较长,容易让观众产生倦怠感。同时,直播的即时性也使得它无法像短视频一样很好地引发二次传播。因此,如何通过互动拉高直播间人气是带货主播要重点关注和解决的问题。

尤其是当主播还没有打造出强大的 IP 时,就更需要通过与观众互动拉高直播间人气并提高转化率。但千万不要以为互动只是引导用户评论,其实互动包含多种形式,如直播间内关注、评论、点击购物车、点击产品、送礼物、加入粉丝团、点赞等。

6.1.1 背景互动

并不是只有通过语言对话才叫互动,还有一种互动是"我看见了"或"我听见了"。直播间的背景互动就属于这种。背景互动可以细分为两类,一类是通过背景展示道具与观众进行互动,另一类是通过背景音效与观众进行互动。

(1)背景展示互动

背景展示互动是指在直播背景中放置一些展示道具,如立牌、展板等。如果这些展示道具一直放在某个位置不动,展示的信息一般是直播主题、产品介绍、产品图片等,如图 6-1 所示。不过,这种信息展示方式的互动性比较弱。根据直播现场的情况，主播助理可以不时在背景举牌并与观众进行互动，这种方式具有较强的时效性，比较有趣，互动效果也比较好。例如，主播正在介绍某款产品，主播助理手举展示牌站在主播身后，展示牌上写着产品名称、价格、库存数量等。

a）   b）

图 6-1　背景展示互动

💡 **背景展示互动技巧**

（1）滚动展示直播间正在进行的最新活动。

（2）展示主播正在推介的产品的卖点、优惠价与原价的对比等。

（3）展示正在进行的活动的规则，如抽奖规则。

（4）展示主播正在推介的产品获得的相关认证，例如，美妆类品牌直播间可以展示"国产特殊化妆品产品注册证"。

（2）背景音效互动

背景音效不仅包括前面提到的背景音乐，还包括话外音。

话外音是指主播以外的工作人员配合直播进程突然插话，目的是营造氛围。这些工作人员既可以是主播助理，也可以是售后人员等。例如，在主播介绍产品的间隙，主播助理可以附和"原产地直发""免费送""1号链接最后3单""×××，你去拍，我给你备注赠送礼品"等。这种突然插话的强调效果比主播平铺直叙好，观众会因此精神一振，觉得这个直播间很有趣。

6.1.2　主播个人互动

主播个人互动强调的是主播从自身出发，与观众展开互动。这种互动通常以问答的形式进行。

（1）回答观众问题

很多观众在观看直播时都会在公屏上提出问题，如产品的质量怎么样、有没有赠品等。主播要认真对待这些问题，尤其是反复出现的问题，更要不厌其烦地回答。主播的每一次回答都可能带来大量成交。为了不分散主播的注意力，最好由其他工作人员对观众的问题进行记录并提供答案，再由主播在直播过程中逐一解答。

对所有平台来说，精准流量都是很有价值的。在直播间提问的观众基本上都是精准用户，所以当观众提问时，主播要充当客服的角色，在回答问题的同时强调优惠和福利，促成下单。

回答观众问题的话术

观众问："主播能把这条牛仔裤跟那件小西装搭配一下吗？我身高165厘米、体重110斤，什么尺码合适啊？"

主播答："×××（粉丝账号或名字）小姐姐可以穿M码的哦，宽松点的西装更显瘦，可以先关注主播，稍等马上为你试穿哦！"

观众问："有什么优惠吗？优惠券怎么领？"

主播答："×××（粉丝账号或名字），满××元可优惠×元，×

点可以点击××进行秒杀。"（后续直播过程中反复穿插优惠信息，在留住观众的同时确保他们够正确地使用优惠券并下单）

观众问："怎么不理我？为什么一直不回答我的问题？"

这时主播一定要先安抚粉丝，如"不好意思哈，亲，弹幕刷得太快了，我看到一定会回的，别生气哦"。

只要我们留住了直播间里的观众，提高直播间的留存率，拉高直播间的各项数据（观看人数、评论数、点赞数等），平台算法就会给直播间打上相应的标签，判定直播间可以产出高质量的内容，从而把直播间推送给更多可能感兴趣的用户。

（2）向观众提问

向观众提问是指主播提问并引导观众回答，答案通常都比较简单，如"想买的朋友请打1哦""想买苹果的打A，想买香蕉的打B"等。

向观众提问时，主播提出的问题最好是选择题，避免开放式问题，以便观众通过留言评论的方式进行回答。

答题互动小游戏

（1）游戏规则

问题的答案可以通过查看店铺相关产品的信息获得，答题方式分为"一起答"和"抢答"两种，奖励是进入排行榜和用虚拟积分兑换产品。

（2）游戏目的

通过让观众答题，主播可以与观众进行有效互动，增强观众的参与感，促进成交。

（3）游戏特点

确定性：答对题就一定可以得到积分，对产品了解多的人可以答对更多的题并进入排行榜。

优越感与竞争感：直播间可以设置排行榜，入榜者会产生优越感，未入榜者则会产生竞争感。

6.1.3 嘉宾互动

我们经常会在一些直播间里看到主播之外的名人或其他主播，这些人就是主播请来的嘉宾，很多观众会因为嘉宾而进入直播间。

（1）名人

名人是指在社会上有一定名气、影响力的人，如知名演员、歌手、专家、达人等。一般来说，政府主导的助农专场直播请名人当嘉宾的较多。

（2）其他主播

除了名人，我们也可以邀请同领域的主播或供应链上下游的主播进入直播间参与互动。例如，卖水果的直播间可以邀请美食主播当嘉宾。

6.1.4 福利赠送互动

在直播过程中送福利是最常见也最有效的互动方式之一。

常见的福利赠送互动方法有以下几种。

（1）派发限时限量特定产品优惠券

在直播过程中，主播手动派发限时限量特定产品优惠券，不仅可以留住观众、促进下单，还可以将有特点的产品打造为直播间的热销产品。其要点是，观众错过时间之后不再补发优惠券。例如，某农产品主播在直播间展示苹果、现场切开试吃，效果很好，再结合限时限量派发单品优惠券的活动，让观众觉得在直播间下单更优惠。

（2）推出限时砍价活动

主播可以在直播过程中适时推出砍价活动，观众只要邀请他人为自己助力就可以砍价。限时砍价活动利用了观众希望低价购买产品的心理，可以引发观众自发分享直播信息、邀请他人助力，实现流量裂变。例如，某品牌直播间在直播过程中插入一款可砍价的产品，主播解说活动规则，吸引观众拉新人进入直播间砍价，从而为直播间吸引更多的流量。

（3）推出限时折扣活动

低价一直是商家吸引客户下单的重要武器，在直播过程中主播可以借助限时折扣活动激发观众的购买意愿。例如，某品牌直播间的主播通过限时折扣、折上折等活动营造良好的直播氛围，实现快速促单，带动销售业绩突破了 300 万元。

（4）推出限时"秒杀"活动

限时"秒杀"活动是指在极短的时段内推出特别优惠的价格，掀起抢购潮。例如，某品牌羽绒服原价 1 488 元，某直播间在某场直播中的 20：05 以588 元的价格推出限时"秒杀"活动，以吸引观众留在直播间等待抢购，拉高直播间人气。

6.1.5　滚动抽奖互动

抽奖互动是提升观众活跃度的重要手段之一。滚动抽奖是指在直播的不同时段陆续开展抽奖活动，如每 20 分钟进行一次抽奖。抽奖互动最好在直播观看量或转发量达到一定数量时进行。例如，主播可以说："观看人数快到5 000 啦！等到了 5 000，主播抽一轮奖哦！哇，奖品有 100 元代金券，还有八五折优惠券！赶紧动动你的手指，帮主播分享一下！"

主播也可以根据现场情况随时抽奖，最好采取倒计时滚动开奖的方式，以更好地留住老观众，吸引更多的新观众。例如，主播可以说"大家不要走开，我下播前还会抽一个神秘大奖哦"或"又来了，我们的抽奖又来了，抽奖口令是'我下单了'"。

6.1.6 直播界面互动

直播界面互动是指借助直播界面的一些工具展示直播相关信息，与观众进行互动。例如，在直播间界面显示"会员专享，加入会员领好礼"，在小黄车上方显示"点击抢购"标识等。

不同直播平台的直播界面可以展示的互动工具有所不同，直播人员要根据直播平台的特性选用。

6.1.7 强调关注互动

带货直播的目的是吸引流量和卖货，所以主播在直播过程中要提醒直播画面中"关注""加购"按钮所在的位置，引导观众关注、加购。不过，这种直接要求观众关注的方式效果一般都不太理想，甚至可能会引起观众的反感。因此，强调关注互动的关键是给观众一个关注的理由，例如，主播可以说"直播间会不定期赠送粉丝礼品""点关注成为粉丝再下单可以享受九折优惠"等。

需要注意的是，不管理由多充分、多有吸引力，主播都不可以过于频繁地要求观众关注、加购。一场直播的时间毕竟是有限的，如果主播投入过多的时间强调关注、加购，就会挤占其他内容的时间，从而影响直播效果。

💡 **强调关注的话术**

（1）还没关注的朋友抓紧点关注，主播每天都会给大家带来不同的惊喜哦！

（2）点点关注不迷路，主播每天下午4点开播，带你欣赏乡村的晚霞，看炊烟袅袅。

（3）新来的朋友点点关注，可以享受优先发货、额外抽奖等福利！

（4）朋友们先点关注再领优惠券，优惠券在"关注"按钮下方。

（5）朋友们，点关注加入粉丝团可以享受粉丝福利哦！

6.1.8　销售实况互动

销售实况互动是指主播针对产品的库存、销量、售后服务等与观众进行互动，从而营造出产品十分热销的氛围。

销售实况互动技巧

（1）在小黄车上方弹出主播正在讲解的产品的链接，同时展示最新的热卖数量。

（2）主播口播："3 号链接只剩下 5 单。"

（3）产品链接显示"已抢光"。

（4）主播强调："下午 4 点前拍下的都是今天发货，下午 4 点后拍下的 48 小时内发货。"

（5）直播界面固定展示"48 小时内发货""全场包邮""点关注，优先发货"等信息。

6.1.9　公屏提示互动

公屏是直播间的互动界面，观众通过在公屏上发弹幕与主播进行互动。前文提到的问答互动实际上就是借助公屏实现的。除了问答，主播还可以通过在公屏上发布文字提示信息、引导观众在公屏上发弹幕等方式与观众进行互动。

（1）在公屏上发布文字提示信息

这类提示信息一般是需要反复使用的信息，如对新观众表示欢迎的信息，引导观众关注、下单的信息，本场直播的促销信息，直播时间等。例如，"欢迎刚进入直播间的小伙伴，点点关注，不会迷路""每天晚上20：00直播，不见不散"都是典型的提示信息。

此外，有些非常出彩的评论也可以放在公屏置顶，这种评论相当于免费的口碑宣传，如"上次买了你们家的苹果，非常脆，非常甜，这次再来买两箱送人"。

（2）引导观众在公屏上发弹幕

在直播间里，观众参与互动的方式除了点赞、关注、下单等，主要就是在公屏上发弹幕，发表自己的见解、想法等。不断闪动的弹幕可以营造出直播间很热闹的氛围。但实际上，不少观众并没有发弹幕的习惯，所以主播要不时地提醒、引导观众通过发弹幕的方式参与互动。例如，主播可以说："已经购买的朋友请在公屏上打出'已拍加急'，我们统计之后会优先安排发货。"

6.1.10　关键词聊天互动

关键词聊天互动是指主播抓住弹幕中某句话里面的关键词与观众展开聊天互动。其实，我们在日常生活中都会使用关键词聊天法，但很多主播在直播间里往往会忘记使用这种方法。

浅层次的关键词聊天法适用于主播与观众建立基本对话，例如，"欢迎×××来到我的直播间。喜欢我的请点个关注，加个粉丝团""欢迎×××来到我的直播间，吃饭了没有""×××下午好（中午好、晚上好）"等。

深层次的关键词聊天法适用于主播与观众建立情感方面的深层次连接。

例如，当观众在弹幕中提到"痛苦"的时候，某知名主播回应道："你的痛苦有时候来自选择太多，没有选择反而会走得更坚定，大自然所造就的奇迹没办法复制，就像你在那一年正好的年纪，遇见亭亭玉立的她一样，也没有办法复制。"

> **用关键词延续聊天的技巧**
>
> （1）"懒人式"聊天：重复弹幕或句尾关键词。
>
> （2）用核心关键词延续聊天。例如，观众说："我昨天出门的时候，不小心滑倒了，摔死我了！"主播可以追问："怎么滑倒的？摔到哪里了？严重吗？"
>
> （3）以"关键词＋经历＋想法＋感受"的方式延续聊天，例如，主播可以说："我之前曾经因为××摔倒过，当时摔到了胳膊肘，可真疼啊！"
>
> （4）主播多使用观众提到的关键词可以增进与观众的感情。

6.2　直播互动营销方式

直播需要营销推广的配合才能获得更多的流量。直播互动营销最常见的方式有 4 种，分别是"直播＋名人""直播＋农村日常""直播＋新品发布"和"直播＋深互动"。

6.2.1　直播＋名人

"直播＋名人"即借助名人效应扩大直播的影响力。例如，2016 年某知名演艺人士在淘宝直播间推荐品牌奶粉，1 小时内就带来 120 万元的成交额，销量是平时的 30 倍。因此，对想要打造品牌形象、扩大品牌影响力的直播间来说，邀请拥有良好形象且与品牌定位相符的名人是非常好的策略。

虽然"主播＋名人"的引流效果很好，但对直播带货来说，也存在一些缺陷。大部分名人在直播完毕后，不会像固定主播那样留下影响较为深远的话题。而且，名人直播现在已经比较常见。观众之所以关注名人，主要是因为好奇，当名人过度曝光、观众不再对其好奇时，名人直播不仅无法产生效益，还有可能产生反效果。我们经常会见到一些名人因经常在直播间带货而导致口碑下滑。对更强调真实、质朴的农产品直播间来说，"直播＋名人"这种方式需要谨慎采用。

6.2.2　直播＋农村日常

大多数观众都对农产品背后的农村日常非常感兴趣。这里所说的"农村日常"包括农产品种植、养护、收获、包装的过程，以及农民吃饭、钓鱼、干农活等日常活动等。这些事情对农民来说只是每天生活中的一小部分，但对于生活在城市里的观众来说却具有很强的吸引力，有人因为乡愁而观看，有人因为好奇而观看。因此，在带货之余，不妨在直播间展示一下农村日常，吸引更多对三农内容感兴趣的观众。

6.2.3　直播＋新品发布

发布会是企业推广新产品的常见手段，但是大多数企业都会选择线下发布会，而一些有前瞻性的企业已经开始尝试通过直播将新品发布会搬到线上。实际上，农产品也可以采用这种方式进行营销。农产品具有很强的季节性，在农产品即将丰收上市的时候通过直播进行预售，不仅可以为直播间引流，还能降低新产品的营销成本，为新产品打开销路。不过，农产品收获具有一定的不确定性，因此，为农产品做新品发布直播时，一定要做好充分的准备，在保证发布会顺利进行的同时预防可能出现的意外情况。

6.2.4 直播 + 深互动

直播平台是作为社交工具而诞生的，因此我们在进行直播互动营销的时候要尽可能地发挥直播平台作为社交工具的优势，也就是采取"直播 + 深互动"的方式。

深互动强调的是一种情感上的连接，以及关系的延伸。例如，某知名主播通过在直播中输出自己的一些思想吸引了众多粉丝的关注，这种思想上的认同就是情感上的连接。在直播间与观众进行深互动并不是一件易事，主播不仅要具备创新思维，还要具备深厚的文化底蕴、丰富的情感，否则可能因为浅尝辄止而起到反作用。对情感丰富且善于表达的主播来说，一旦与观众、粉丝完成深互动，就可以获得非常好的营销效果。

6.3 直播不同阶段的互动技巧

在一场直播中，任何阶段都可能会有观众离开直播间，而直播平台给直播间推送流量时主要的考核指标就是用户留存和互动，因此，主播在直播的不同阶段都要通过互动延长观众停留时间，让直播平台推送更多的流量。

6.3.1 直播开始时如何互动

直播开始时的互动主要是对进入直播间的观众表示欢迎。主播在欢迎观众的时候最好大声地说出他们的名字，让他们觉得主播尊重他们。如果人数不多，主播还可以在名字后面加上"宝宝""朋友"等称呼，也可以由名字延伸出一些话题，这样不仅显得更加热情，还会给观众留下深刻的印象。

除了欢迎，主播在直播开始阶段还要做好自我介绍，让观众快速了解直播间并判断是否继续留在直播间。例如，主播可以说："欢迎大家进入西邮赵小赵的直播间！走出校门，走进田间地头，服务每一位有需要的农民兄弟姐妹！今天，我们将给大家带来刚刚从树上摘下来的洛川苹果。"主播最好在自我介绍中设计一两句简短、有个性的话，并且不要轻易更改，这样慢慢就可以形成自己的独特宣传语。

做完自我介绍之后，主播还要引导观众关注账号，如"进入直播间的朋友，动动手指关注主播，每天都有新品推荐哦"。对于点了关注的粉丝，主播要及时表示感谢。

进入直播主题之前，主播需要不断地重复以上动作，始终保持热情，让每一位进入直播间的观众都感到被尊重。

6.3.2 直播过程中如何互动

互动是一场直播从头到尾都必须做好的事情。直播过程中的互动与直播开始时的互动有较大的不同，推介产品是带货直播的核心环节，但常常只是主播单方面地传达信息，而互动是穿插在产品推介中的聊天、问答、游戏等。

例如，主播在介绍完产品后，要像聊天一样分享自己使用产品的感受，语言要亲切、自然。这样的互动会让观众感到很舒服、很可信。

问答互动既可以是观众问、主播答，也可以是主播问、观众答。直播间的问答比较频繁，观众可能随时在公屏上提出问题，如果主播盯着问题一个一个地回答，就会打乱直播节奏，还可能会因为信息刷新太快而漏掉一些问题，导致提问的观众产生不满情绪。这个时候，主播不妨引导观众进行有效提问。例如，很多观众问"这款衣服适合多重的女孩穿""这款衣服适合小个子女孩吗"等过于宽泛的问题，这时主播不妨对观众进行引导，说"大家可以说一下自己的身高、体重，主播会给你们推荐合适的尺码"。之后，想购买的观众就会在公屏上打出自己的身高、体重，主播再一一推荐合适的尺码即可。

直播过程中万一出现"翻车"的情况，主播一定要随机应变，通过有效互动进行挽救。如果"翻车"的情况并不严重、无伤大雅，主播不妨以真诚、坦率的态度直接道歉。如果"翻车"的情况比较复杂，当下无法有效解决，主播可以从公屏上找一个话题接着聊，先把直播进行下去。例如，主播可以说"好多人在刷××（明星），看来真的有很多人喜欢他，我也很喜欢他"，用热点岔开话题，不仅可以很快得到观众的回应，还能调节直播间的气氛。

不过，万一发生产品质量问题，主播就会非常尴尬。某知名主播卖不粘锅，结果在直播间现场煎鸡蛋的时候却粘锅了，这种现场"翻车"的状况很考验主播的应对能力。如果遇到这种情况，主播要快速判断问题出在哪里，然后及时说明问题的根源是自己在直播前没有做好准备，对不粘锅的使用方法不熟悉，提醒大家在使用不粘锅时一定要不要像自己这样，否则就会出现这种情况，接着向大家介绍正确的使用方法。这种真诚坦率的处理方式反而会赢得观众的好感。

此外，安抚观众的不满情绪也是直播过程中互动的重点。最常见的是观众提问之后没有得到主播的回应或提出要求后没有得到反馈而产生了不满情绪。这就要求主播和主播助理随时关注公屏上观众发出的信息，尽量避免出现这种情况。如果发现观众不满，就要立即进行安抚，如"宝宝们不要急，接下来即将进入问答环节，你们提出的问题我们都会一一回答"。

直播进行到下单环节，主播最重要的互动任务就是告知观众直播间的优惠促销活动及发货相关信息，如"现在下单可以享受七五折优惠，仅限 500件，宝宝们抓紧时间啊""17：00 之前付款的订单，我们今天就可以顺丰快递发出，宝宝们后天就可以收到了哦"等。

6.3.3　直播结束时如何互动

直播结束时的互动主要是感谢。例如，主播可以说"本场直播快要结束了，感谢大家这 4 小时的陪伴，真的非常非常舍不得大家。告别是下一场重逢的起点，我们下一场直播不见不散哦""首先，我今天真的真的非常荣幸，能有机会和 ××× 老师一起在我的直播间里为安康市汉阴县的老百姓们做这个直播活动。我真的感触很多，也学到了很多东西。我还要感谢直播间里这么多的宝宝们，真的非常感谢各位的分享、转发及下单购买。宝宝们的每一次下单、每一次转发，都是在为脱贫事业助力、为人民的幸福生活加油打气"等。

感谢之后，主播还要预告下一场直播。例如，主播可以说"下一场直播在明晚相同的时间开始，主播已经准备好了压箱底的福利等待大家，一定要来哦""宝宝们，今天的扶贫公益直播活动已经接近尾声，真的非常非常开心，以后可能还会有类似的直播活动，到时候可能会在相同的时间开播，也可能会不同。希望到时候各位奔走相告，一起为扶贫攻坚出一份力。陪伴是最长情的告白，感谢你们今天的陪伴，咱们明天晚上同一时间再见"等。主播说完"再见"之后，如果还有时间和精力，可以放一些音乐给观众听，或者跟观众聊聊天，联络一下感情。

第 7 章

现场带货：引爆农产品直播的销量

7.1 开播暖场：让观众产生期待感

开播暖场做得好不好，将会直接决定观众是否期待接下来的直播，是否会一直留在直播间。因此，主播千万不要一上来就卖货，而要先暖场，拉近自己与观众之间的距离。

7.1.1 开场如何活跃气氛

开场阶段的直播间气氛将直接影响观众是否愿意继续留在直播间，进而影响后面的带货效果。主播暖场的关键是利用好自身优势和优惠提醒，营造亲切、热闹的氛围，提升观众的体验。有的主播在开场阶段先放一段音乐，就是为了活跃气氛，让直播间热闹起来。相比于单纯地播放音乐，主播在放音乐的同时口播介绍自己及直播间的一些情况，暖场效果会更好。

> 💡 **开播暖场话术**
>
> （1）"大家好，我是一名新主播，今天是第一次直播带货，希望大家多多支持，感谢各位的鼓励！"
>
> 主播坦陈自己是第一次直播带货，这样说能让观众感受到真诚和期待。
>
> （2）"欢迎宝宝们进入我们的直播间，今天我们会推出一款之前没出现过的优惠产品哦，您一定不要错过哟！"

主播通过"之前没出现过的优惠产品"让观众对接下来的直播产生期待，同时用"您"让观众觉得主播正在对自己讲话，增加了亲切感。

（3）"宝宝们，大家好，我们直播间只卖自家土特产、农副产品，自产自销，新鲜实惠！"

主播强调自产自销优势，凸显自己的农产品更新鲜、更实惠。

（4）"我深耕农副产品行业 30 年了，所有的产品我都会自己试用，觉得好才会推荐给大家，请大家放心。"

主播通过强调自己的资历凸显专业度，增强了观众的信任。

（5）"宝宝们请不要着急，还有 2 分钟就到抽奖环节了，我们将抽出 9 位观众，送出神秘大奖！"

抽奖是暖场最有效的招数之一，"神秘大奖"可以激发观众的兴趣，拉高其期望值。奖品一定要超越观众的期待，否则可能会影响直播间的口碑。

7.1.2　欢迎和预告技巧

暖场之后，主播要对进入直播间的观众表示欢迎，并预告本场直播的主题、主推产品，为接下来的直播带货做好铺垫。这个环节虽然看起来很简单，但实际上主播的一个表情、一句话都可能会影响效果。主播在做欢迎和预告时要注意以下三点。

（1）不要机械地背诵话术

虽然主播需要提前准备一些欢迎、预告的话术，以备不时之需，但如果像机器人一样机械地背诵，只会起到反作用。主播要以自然、亲切的态度对进入直播间的观众表示欢迎，语气要充满热情。

（2）直接点出某位观众的名字

如果直播全场都使用通用话术对所有人表示欢迎，那么不管主播表现得多么热情，都很可能会让观众觉得主播的情意有些假。因此，主播在表示欢迎的时候可以不时地点出某位观众的名字，让对方觉得自己很受重视，同时让其他观众感受到主播的真诚。例如，主播可以说："欢迎 ×××（观众名字）来到直播间！"

（3）适当地使用语气词

主播适当地使用语气词可以让自己显得更有亲和力，与观众沟通就像当面聊天一样亲切。但不可过度使用语气词，只在需要的时候使用即可。

💡 开场时的欢迎和预告话术

主播："欢迎家人们（宝宝们、亲人们、姐妹们、各位帅哥美女）来到 ××× 直播间！正如大家看到的，今天的这场直播是扶贫公益直播，我们有幸邀请到了 ×× 老师。来来来，欢迎 ××× 老师，请 ××× 老师跟大家打个招呼吧！"

嘉宾："很高兴今天能够来到 ××× 直播间与大家见面！正如前面 ××× 所讲，今天的这场直播是扶贫公益直播，我希望能和大家好好互动，为公益站台，为扶贫助力，谢谢大家！"

主播："谢谢 ××× 老师！现在由我给各位宝宝们介绍一下我们今天要卖的各种产品，有 ××（宣传广告语）、××（宣传广告语）、××（宣传广告语），还有 ××（宣传广告语）。所以说今天来到 ××× 直播间的宝宝们真的是非常非常幸运，今天所有的产品都是精品。家人们一定要沉下激动的心，稳住颤抖的手，极速下单，为扶贫助力、为生活添彩吧！"

7.1.3 互动留人技巧

留住观众是直播间保持并提升销量的关键之一。只有吸引足够多的观众留在直播间，才能保证直播带货的效果。对即时性非常强的直播来说，互动是最直接有效的留人手段。互动技巧在前面已经介绍了不少，这里重点介绍直播开场阶段如何互动留人。

（1）多用疑问句代替陈述句

主播可以向观众提出一些问题，观众不一定会回答，但有了问题，观众就会思考，就会期待答案，从而留在直播间。

（2）场景模拟法

要为观众创造想象的空间，针对适用人群模拟使用场景，让观众产生代入感。例如，主播可以说："不太会搭配的宝宝们，一定要注意看我们今天直播间介绍的几套衣服哦！"

（3）选择法

让观众产生参与感最有效的方式之一是让观众在直播间里有事做，多提供让观众做选择的机会，如选择活动、选择产品、选择价位等。例如，在销售水果的直播间里，切水果的时候拿出一个苹果和一个梨，让观众选择切哪个。有人担心主播这样做会被观众带着跑。记住，优秀的主播永远会把节奏掌握在自己手里。主播拿出的两款产品，在品相、成色、品种等方面应该存在较大的差异，主播要巧妙地"暗示"观众选择自己想要展示的那款产品。

（4）福利法

发红包、预告福利发放时间是让观众继续留在直播间的非常有效的技巧之一。例如，主播可以说"欢迎刚进入直播间的 ×× 宝宝，请关注主播，我们 5 分钟后会发一波红包福利，大家不要离开""宝宝们，七点半我们有神秘礼品赠送，九点半我们有 9.9 元抢购 5 斤苹果的活动哦"等。

（5）兑现承诺

前面介绍的留人策略大多是吸引策略，最终能不能留住人还要看直播间能否满足观众的期待，能否兑现承诺。例如，如果主播承诺关注人数达到100以后就发红包，就一定要在关注人数达到100后立即兑现，否则可能会让等待的观众感到失望，进而退出直播间。

7.2　产品介绍：为提高转化率奠定基础

经过暖场、欢迎、留人之后，主播就要自然地过渡到产品介绍环节了，毕竟销售才是带货直播的核心。产品介绍的好坏将直接影响转化率的高低。如果主播在这个环节频频出错，转化率就一定会很不理想。

7.2.1　展示产品的全貌和细节

展示产品的全貌和细节有助于观众更加了解产品的外观、特点并产生信任感，促成下单。

主播展示产品全貌时应完整露出产品；展示产品细节时应尽可能靠近镜头，可切换近景机位，这样效果更好，如图7-1所示。

图 7-1　展示农产品的全貌和细节

7.2.2 塑造产品价值

塑造产品价值其实就是介绍卖点，包括但不限于产地、特色、大小、颜色、物流等。主播介绍这些卖点时一定要能明确地回答观众提出的各种问题，让观众明白为什么要买这款产品、为什么需要这款产品等。产品卖点最好提前列出来，主播也要提前熟悉，最好背下来，这样在直播的时候才能做到信手拈来。

（1）卖点提炼和介绍

不同类型的产品，用户的关注点不一样，卖点自然也不一样。通常来说，强调产品的原料、技术工艺、功能、品牌等方面的优势可以增强观众的信心，凸显产品的价值，有助于促单。

以女款卫衣为例，主播可以从卫衣的整体风格、为什么这么设计、能带来什么样的感觉等方面进行介绍。例如，主播可以说："像这件女款卫衣，前面比后面短一些，如果你对自己的臀形不是那么有自信，就可以用这个遮住你的臀部。"

主播还可以从卫衣的材质、适合在什么场景穿、适合什么人穿等方面进行介绍。例如，主播可以说："这款卫衣里面是微微加绒的，所以无论是现在还是在开春的时候，都可以穿。外面再穿个羽绒服，穿上它去滑雪都完全没问题，超级好看！"

主播还可以从卫衣的领子、帽子、袖子是什么样的，穿上是什么感觉等方面进行介绍。例如，主播可以说："袖子这边有个手工刺绣的小爱心，让它看起来既时尚又很有质感。"

主播还可以从卫衣的上身效果、尺码等方面进行介绍。例如，主播可以说："主播身高 170 厘米、体重 115 斤，对类似体型的人来说，这款卫衣穿 M 码真的很显瘦。来，导播把镜头拉远一点，切一个全身的效果给大家看看。"

五感描述法

眼睛：包装、大小、厚度、颜色等，从视觉的角度描述产品。

耳朵：声音，如触碰的声响、音效等，从听觉的角度描述产品。

鼻子：闻起来是什么味道，从嗅觉的角度描述产品。

嘴巴：一般针对食品，从味觉的角度描述产品。

手：触感、质地等，从触觉的角度描述产品。

（2）使用场景介绍

除了卖点介绍，产品使用场景介绍也是影响观众下单意愿的重要因素之一。例如，某知名主播在介绍香水时把香味比喻成"恋爱中的少女，开心地去找男朋友，那种很甜的感觉""屋顶花园的味道，非常适合夏天""光着脚丫在一望无际的大草原上奔跑""下过小雨的森林里的味道"等。该主播在推荐口红的时候，把涂在嘴巴上的口红比喻成"爱马仕（法国奢侈品品牌，彰显高端、昂贵）在你的嘴巴上""太心动的感觉了吧，人间水蜜桃就是你""嘴巴上了精油的感觉，整个人都干净了""很有知识的女生，神仙色"等。这种借助使用场景塑造产品价值的方法非常有画面感，很容易打动观众。

联想产品使用场景的 5 个问题

（1）谁会用到这款产品？年龄、性别、角色、兴趣标签……

（2）用户在什么场合会用到这款产品？上班、约会、和老朋友见面、参加婚礼、参加家长会……

（3）用户在使用该款产品时会涉及哪些人际关系？同事、男友、朋友、婆媳……

（4）用户在什么时间会用到这款产品？24小时内、季节、阶段……

（5）用户在什么地方会用到这款产品？商场、办公室、酒吧、家里……

7.2.3　邀请观众参与互动

在产品介绍环节邀请观众参与互动主要是为了增强观众的体验和信任。以服装为例，主播可以说"咱们直播间的宝宝们有没有体型跟我们 ×× 主播一样的？有的话打到公屏上""大家可以把自己的身高、体重打到公屏上，看看什么体型的宝宝多一些，我们给大家试穿一下，看看上身的效果，我们可以根据您的需求做相应的介绍"等，如图 7-2 所示。

a)　　　　　　　　b)

图 7-2　服装类直播间邀请观众参与互动

观众把自己的相关信息发到公屏上，主播看见之后可以点名并进行有针对性的介绍、试穿，这样不仅可以增强这位观众的体验，还有助于吸引更多的观众参与互动，为直播间营造热闹的氛围。

邀请观众参与互动虽然有不少好处，但也有可能引发一些问题。最常见的就是观众提出产品太贵等问题。对于这类问题，主播一定要妥善处理，争取让问题变成商机。

💡 观众说直播间的产品太贵怎么办

哪怕是 9.9 元一件的产品，同样会有人嫌贵。总会有一些观众在直播间说产品太贵，如果主播的经验不足或使用错误的话术，就很容易被观众影响情绪、带偏节奏。

面对这样的观众，主播应该怎么办呢？放着不理，还是直接说产品不贵？这两种做法都不对。

主播要知道，观众之所以在直播间评论产品贵或便宜，是因为这件产品已经引起了他们的注意，甚至有意购买。我们可以参考以下话术进行应对。

（1）"非常感谢大家支持咱家的产品！咱家的产品，我不敢说非常便宜，但一定是性价比非常高的。咱家的粉丝很多，也是冲着我们的性价比来的。今天这么多人对这款产品感兴趣，你们不妨花 30 秒时间听我简单介绍一下，你们再告诉我值还是不值。"

（2）"有兴趣的朋友把 1 打出来，这是我们今天卖得最好的一款产品，我们后台统计一下人数，看库存还够不够。有兴趣的宝贝们，我们承诺 7 天无理由退换货。产品好不好还是你们说了算，觉得好你就留下，觉得不好就直接退回来。"

（3）"左上角关注记得点一下，我全部给你们安排运费险，不让你们花一分冤枉钱，这是我对产品的信心，也是我的诚意。感谢宝宝们的支持！"

记住这个式子：抬高产品价值＋锁定库存＋信用保障。

7.2.4 激发观众需求

在产品介绍环节，激发观众需求主要是指针对观众的需求、痛点等介绍产品。例如，主播可以说"陕西猕猴桃新鲜上市，一年一季的新鲜水果，错过就要等一年！年年花开，期期不同，很多宝宝分不清品种、口感、果肉、产地等，宝宝们可以看看对比图"，如图 7-3 所示。

a）

b）

图 7-3 猕猴桃介绍

今天带给大家的第一款产品就是陕西 ×× 富硒食品科技有限公司的炕炕馍。熟悉陕西的都知道，陕西人最爱吃的就是面食，炕炕馍就是一种十分独特的面食。它是陕西汉阴独有的美食，已经有几百年的历史，是只用面粉、菜籽油、五香粉、盐、芝麻烘烤而成的，非常营养健康。宝宝们，这款产品"吃货"一定要下单，它真的是那种很适合出门旅游或休闲时吃的一种小吃，有咸味和甜味两种口味。请宝宝们不要打我，我先给大家尝一下（吃过后，假装要说话，再多吃几块，嘴里还有食物时就开始说话）。宝宝们，这款炕炕馍吃起来真的是不干不硬、脆酥喷香，口感好极了！宝宝们，这款产品本来的价格是××元，但是现在只要××元，真的是优惠到爆炸！现在（介绍下单步骤），准备好了没有？宝宝们，3、2、1，上链接，来喽！

（抢完之后）这么快就没有了吗？好的，没事，没有抢到的宝宝们也不要着急，我们马上联系商家再给大家上货。这些款再发一遍，不怕你买多，就怕你错过！来，加好了，加好了！想买的宝宝们，我再说一下，现在还有×××袋。来，宝宝们，上链接！这次的优惠仅限本场直播时间内，错过了您就很难再以这个价格买到了。还有最后的×××袋，大家抓紧时间下单！

7.3 信任背书：打消观众对产品的顾虑

很多观众即使觉得产品不错也不会轻易下单，这主要是因为他们还有一些疑虑，对产品的品质、使用体验等不够了解。这时，主播可以通过展示销售数据、用户案例与评价、名人或专家推荐、官方资质文件等证明自己销售的产品是值得信赖的。

7.3.1 展示销售数据

直播间主打垂直领域的产品，观众难以对比产品的差异及性价比时，主播可以展示销售数据，如销量等。

　　以生鲜农产品为例，主播可以这样介绍："宝宝们，如果平时不经常吃海鲜，只知道鱼、虾、螺这几个品种，咱们可以上点关注、下点赞、小黄车里转一转，看下销量（销量高的就是观众喜欢的品类）。"产品页面显示"连云港发货、熟冻老婆脚鲍螺，已售 26 件""连云港鲜活猫眼螺 2~8 斤，已售5 711 件"，并突出显示"鲜活发货、顺丰冷链"，这样可以大大增强产品的吸引力，如图 7-4 所示。

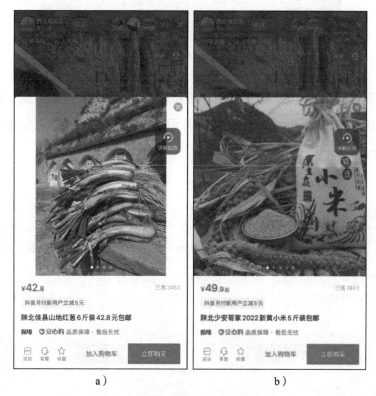

a）　　　　　　　　　　　b）

图 7-4　产品页面展示的销售数据

　　除了在产品页面展示销售数据，主播还可以通过直播平台的数据大屏获取销售数据，然后在直播间展示这些数据，如图 7-5 所示。

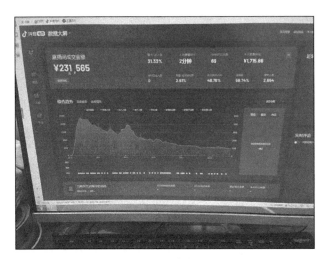

图 7-5　直播平台数据展示

如果有线下实体店,直播还可以展示线下实体店的销量等数据,打消观众的顾虑。主播也可以让观众去当地线下实体店看看,以增强其信任,如图7-6所示。

a)　　　　　　　　　b)　　　　　　　　　c)

图 7-6　线下实体店展示

7.3.2　用户案例与评价

主播在介绍产品时引用用户案例与评价可以有效地增强观众对产品的信心。例如，主播可以说"这款产品在顾客中的好评率高达 98%"或"40% 的顾客都会回购"等。

除了其他用户的案例、评价，介绍"自用款"也是很有效的一种方法，即主播以自己的亲身体验为产品做担保，增强观众的信任。例如，主播可以说："我自己一直在用，已经用完 6 瓶了，大家可以看一下我的皮肤状态。"但是，千万不要每件产品都说是主播的"自用款"，否则就会显得很不真实。例如，某主播在推荐产品时经常会介绍家人、朋友的使用体验，还会展示自己手机里的订单，以证明"自用款"的真实性。这些看起来不经意的动作，都有助于打消观众的顾虑。

7.3.3　名人或专家推荐

农产品更适合由朴实并具有一定专业素养的"新农人"做推荐，最好从历史、地域、风貌、特产等角度进行介绍。

例如，中央电视台主持人朱广权为武汉重启带货时这样介绍："直播带货我是第一次，初来乍到，技术不高，手艺不妙，请多关照。今天我命由你们不由天，我就属于 ×× 直播间。烟笼寒水月笼沙，不止东湖与樱花，门前风景雨来佳，还有莲藕鱼糕玉露茶。凤爪藕带热干面，米酒香菇小龙虾。手种金莲不自夸，赶紧下单买回家。买它买它就买它，热干面和小龙虾！"

资质证明主要是指有公信力的、可以证明产品品质的相关文件。不同类别的产品需要的资质证明有所不同。

（1）食品一般要展示多项检疫检测报告，如进出口检疫证明、消杀检疫报告等，如图 7-7 所示。

a)   b)   c)

图 7-7　食品资质证明展示

此外，还可以展示食品配料表，让观众更加放心，如图 7-8 所示。

图 7-8　食品配料表展示

（2）日常消费品通常需要展示发明专利证书、配方检测报告等，如图7-9所示。

a）   b）

图 7-9　证书展示

不同类型的产品拥有的、需要展示的资质证明有所不同，如果产品已经具备相关资质，主播不妨在直播间里进行展示，以此增强观众的信任。

7.4　说服购买：帮助观众排除其他选择

不少观众即使对产品没有顾虑，也会在下单时犹豫不决，因为他们想再多看看其他同类产品，对比一下再做决定。这个时候，主播就要想办法帮助观众排除其他选择，说服观众。

7.4.1 制造对比

农产品很容易出现同质化竞争的问题。为什么大家要买你的农产品而不买其他人的呢？这就需要主播通过对比展示自家农产品的特色和优势。

农产品的对比首先是地域性的对比，一般可以从土壤、天气、光照、雨水、海拔等角度进行对比，突出农产品的地域优势。

例如，某直播间有人说"土豆价格贵"，主播可以对比高山土豆和平原土豆。首先，土壤品质不同，高山土壤富含各种有机物，土壤品质更高；其次，高山地区的光照时间比平原地区长，所以土豆长得更好；最后，高山地区的人工种植成本比平原高，所以高山土豆比平原土豆的价格高一点。

此外，主播还可以对比直播间的价格与线下门店及其他电商平台的价格，突出价格优势。例如，主播可以说"当然，大家也可以到超市里买0.9元1斤的，机械种植的跟人工种植的不同，人工种植讲究的是品质，机械种植讲究的是高产。大家可以根据需求选购哦""这款洗面奶在旗舰店的价格是129元一瓶，今天晚上在我们的直播间买2瓶直接减130元，相当于第1瓶129元，第2瓶不要钱。同时，我们再送2盒补水面膜，1盒面膜的市场价是79元，2盒就是158元，今天我们免费送给你，错过就是损失"。强调价格对比和福利赠品可以让观众觉得产品非常划算，产生"错过就是损失"的感觉。

制造对比的目的在于让观众知道产品好在哪里、为什么便宜（强调福利）、为什么贵，从而让观众放弃"再看看""再想想"的态度，快速下单。

7.4.2 去抽象化

抽象化是指运用抽象、难以感知、无定义的方式对事物进行表现或描述。去抽象化则是使用具体、可感知、可定义的方式对事物进行表现或描述。在直播间，主播采用去抽象化的方式介绍产品，可以让观众对产品有更深入的了解。

以洗碗剂为例，主播说"我们的洗碗剂可以把碗洗得很干净"，这就属于抽象化表达，因为仅用语言描述的干净是难以具体感知的，而且几乎所有的洗碗剂品牌都这样宣传。去抽象化表达就是将卖点通过具体的数字、细节表述出来。例如，主播可以说"我们的洗碗剂洗得更干净，不伤手""我们的洗碗剂是浓缩的，1滴等于3滴，更节省""我们的洗碗剂更容易冲洗，无残留"等。主播还可以换个角度，从洗碗剂的使用场景突出其优势，如"家有××牌洗碗剂，呵护家人的健康""××牌洗碗剂，让你的邻居没话说"等。

总之，去抽象化表达要求主播在介绍产品时描述具体、可感知的细节，这样才能在观众脑海中留下深刻的印象。

7.4.3　调动情绪

直播间消费在很大程度上是一种情绪性的消费。观众可能因为主播播放的背景音乐很好听而下单，也可能因为被主播说的话感动而下单，还可能因为"大家都买了，我也要买"的心理而下单。因此，在直播过程中，无论是开场、暖场阶段还是说服购买的阶段，主播都要调动观众的情绪。主播既可以用一些欢快的音乐、快节奏的词语调动观众的情绪，也可以通过讲故事或抒发情感的方式打动观众，与观众建立感情联系。

例如，"大山乐涛淘"主播的开场（见图7-10）是这样的："我是岚皋县副县长杨乐，大山乐涛淘带你淘岚皋。我们在直播间给大家推荐岚皋的美食美景、风土人情和农特产品，希望大家喜欢。没有关注主播的麻烦给主播点点赞。点关注不迷路，主播带你走山路。岚皋山大沟深容易迷了路，迷了路怎么办，点了关注主播带你走出容易迷路的山路。我们这里山大石头多，出门就爬坡，你要不关注，容易趴了窝。"

图 7-10 "大山乐涛淘"直播间

这种朴实的、带有极强三农特色的介绍很容易打动农产品消费者，调动他们的情绪，让他们继续留在直播间，甚至直接下单。

7.5 催促下单：推动观众完成下单

如果在说服阶段有些观众还没有下单，主播就要通过营造热销氛围、强调促销政策、提醒即时销量等方式让观众觉得产品很值，催促其下单。

7.5.1 营造热销氛围

前文提到过，直播间消费在很大程度上是一种情绪性的消费，观众的情绪很容易被热销氛围所带动，继而产生下单购买的冲动。因此，主播在介绍产品后通过一些方法营造产品热销的氛围，对促进犹豫不决的观众下单会有很好的效果。

营造热销氛围通常有两种方法：一种方法是播放节奏感强、有动感和冲击力的音乐；另一种方法是使用话术，例如，主播可以说："今天这款是宠粉福利款，数量有限，需要的宝宝们在公屏上打'想要'两个字。这款是用来宠粉的，只有100个，今天就看您的网速、您的手速，还有您下单的速度啦！温馨提示，先点右上角的关注。宠粉，顾名思义就是只给粉丝宝宝们的，所以一定要点右上角的关注，点了关注就能加入粉丝团，加入粉丝团才可以拍哦！另外，最重要的是一定要打开免密支付，这样才能拼得上手速哦！"

农产品直播间营造热销氛围的话术

苹果3斤装原价29.9元，你们也看到了，这都是我们新摘的果子，又大又脆又甜，还多汁。吃一口，流一手。来，这个原价是29.9元3斤，直播间刚开播发福利，纯粹是为了做人气，现在我也不3斤了，我也不4斤了，我5斤给你们，还带礼盒包装。来，5斤，5斤装，也不要29.9元，也不要28.9元，也不要27.9元，直接19.9元，包邮到家！你们现在拍，旁边我们就给你装上新鲜摘下来的果子，晚上就给你发货。来，这个真的是现摘，又大又脆又甜又多汁。（咬一口）现在天气冷了，也干燥了，一定多补充维生素，多吃苹果肯定是有好处的。来，宝宝们，喜欢的直接点"小黄车"1号链接，昨天没这个价格，明天也不一定有这个价格。今天是首播，就为了做人气，就为了大家的关注和支持。

拍了是吧？来，拍了的宝宝打"已拍加急"，我们现在就给哥哥姐姐们装货。拍了的打"已拍加急"！来，宝宝们，还想不想"薅羊毛"？想要的打"想要"，想要的打"想要"。想要是吧？来，左上角点关注，我们半小时后继续发货！

7.5.2　打造可预期的惊喜

相较于线下卖场，直播间更需要营造热闹、欢快的购物氛围，让观众感觉在直播间买到的产品完全符合其预期，甚至超出其预期。

主播可以通过强调活动力度、赠品、福利等让观众觉得产品很值，不买就亏了，从而快速下单。

> ### 打造可预期的惊喜的话术
>
> （1）"这个价格宝宝们完全可以直接拍，只有我们直播间有这个价格，只剩下最后100件了，不要犹豫，赶紧下单！"
>
> 主播通过强调"只有我们直播间有这个价格"凸显产品的价格优势，以"最后100件"制造紧迫感，然后直接发出"赶紧下单"的行动指令。
>
> （2）"这款连衣裙M码的只有最后2件了，卖完还要再等3个月，到时可能夏天就要过去了！""还有最后2分钟，没有买到的宝宝赶紧下单！时间到了这款连衣裙就下架了。"
>
> 主播通过强调产品剩余数量、优惠时间等信息制造稀缺感，促使观众下单。
>
> （3）"这个价格真的是全网超低价！大家可以和其他电商平台的价格进行比较，最起码低了30元，真的是全网超低价！而且只有300件，错过就没有了。今天除了七五折的优惠，我们还赠送给您3件同款产品、5件试用装，非常划算！"
>
> 主播通过和其他电商平台比价凸显直播间的价格优势，同时强调赠送同款产品、试用装，让观众感觉真的非常划算，从而打消其顾虑。

7.5.3　不断提醒即时销量

我们经常发现，很多带货主播会在某款限时限量产品卖完后直呼："抢完了！还能再补 500 件吗？"主播这样说看似惊讶，实则故意强调产品因热销而售罄。主播要求补货的行为可以让观众产生一种"主播专门为我申请"的优越感，让观众觉得"抢到了是惊喜，没抢到下次再努力"。

在直播过程中，有些产品会售罄，这时主播要做一定的控场（见图 7-11）。例如，主播可以说："今天直播间的宝宝们一定要根据需求拍，咱们今天的库存有限哦！没有抢到的没有关系，可以右上角点关注，加入粉丝团哦！这样后期有了库存，我们会在第一时间在群里通知粉丝宝宝们。来，宝宝们可以看一下销售单数，这也是我们的一个'爆款'产品哦！"

主播不断提示即时销量或剩余库存，可以营造产品十分畅销的氛围。主播可以采用不断重复、倒计时等方式制造紧迫感，引导观众下单。

a）　　　　　　　　　　　b）

图 7-11　提醒即时销量

7.5.4 满足观众的美好想象

主播可以通过产品展示、语言描述等方式让观众想象拥有该产品之后的生活有多么美好，这也是促使观众下单的一种有效手段。

> **满足观众的美好想象的话术**
>
> 主播在介绍秦岭小院时可以这样说："秦岭小院，夏天避暑，腊月暖冬。当夏日炎炎时，火热的太阳当空高照，钢筋水泥都似乎冒着热气，空气中弥漫着散不开的黏稠的焦虑。您是否需要一个属于自己的小家？您是否想逃离城市的喧闹，找到一个属于自己的秦岭小院？今天主播给大家带来秦岭18℃夏天的避暑、纳凉小院，大家可以跟着我的镜头看一下哦！周边的环境，所见即所得，青山环绕、绿水怀抱、郁郁葱葱，这样的小院一个月仅需要188元，性价比非常高！"
>
> 主播在介绍三亚养生度假时可以这样说："当寒冬来临时，咱们有老年病的宝宝们应该有亲身的感受，雾霾、寒冷、疼痛让我们的生活远离了美好。远离寒冬、雾霾，来三亚养生度假吧！海南岛素有'天然氧吧''生态岛'之美称。全年平均气温是23℃到25℃，冬暖夏凉，被誉为'最适宜人类尤其是中老年朋友居住的地方'。这里的气候对高血压、哮喘等慢性疾病能起到一定的缓解作用，俗称'北病南治'。到三亚养生度假，亲近自然，休闲养生，会让老年生活更幸福、更健康。"

7.5.5 讲解下单流程

催促观众下单的时候，主播可以讲解下单流程，帮助不知道如何下单的观众快速完成下单。抖音平台的下单流程如图7-12所示。

图 7-12 抖音平台的下单流程

　　主播在讲解下单流程时一定要详细，分解每个动作。例如，主播可以说："主播把下单流程再给大家讲一下，屏幕下方有一个黄色的购物车图标。

点开后，里面有今天的福利款产品，点开后填写自己的收货地址、姓名、联系方式就可以了。还有不清楚的宝宝也可以在右上角先点关注，点关注后有需要了解的可以联系客服。"

7.5.6 感谢，追单，预告

一场直播快结束时，主播一定要做好三件事：感谢，追单，预告。

（1）表达感谢

主播一定要对直播间的观众表示感谢。无论观众是否购买产品，都要感谢他们的陪伴和支持。对于购买产品的观众，主播可以直接点名表示感谢，也可以赠送一些小礼物表达感谢。例如，主播可以说"谢谢今天一直陪伴我的家人们，你们是我坚持开播的动力，明天晚上7点我们继续见面""现在这天气忽冷忽热的，家人们一定要及时增减衣物，你们要是感冒了，我会很难过的。再次谢谢家人们的支持，我要下播了，明天再见"等。

（2）及时追单

在感谢之余，主播也不要忘记及时追单，让还没有下单的观众继续下单。

（3）对下一场直播进行预告

在下播之前，主播一定要预告下一场直播的时间、有什么产品、有什么福利等。例如，某知名图书主播会在本场直播即将结束时反复预告下一场直播的内容，并让观众通过定制口令抽"福袋"，这样做不仅可以控评，还能让观众了解下一场直播的时间和内容。

💡 **追单话术**

（1）各位宝宝，本场直播虽然结束了，但看上我们苹果的宝宝关注主播之后，依然可以到主播的小店下单哦！

（2）各位宝宝，由于下单人数太多，我们将按照付款顺序发货。今天大概可以发出200单，后面下单的宝宝可能要稍等两天。我们需要到树上摘最新鲜的苹果给您发货，请谅解哦！

（3）数量有限，还剩下68件，机会难得，且买且珍惜！

（4）这个折扣仅限本场直播，错过了就没有这个价格了，敬请谅解！大家挣钱不容易，省一分是一分，分分都是钱呐！

（5）先付先得，最后2分钟！最后2分钟！

（6）宝宝们，已经下单的要赶紧付款哦，不然订单过时会自动取消哦。

（7）刚才错过的宝宝们，主播又为大家申请了100件，现在就可以下单了！下手一定要快，错过真没了！

（8）刚才没抢到的朋友，别灰心啊！这些产品我们还会持续销售，10天之后再下架，需要的宝宝们赶紧去下单吧！

第8章

综合运营：赋能农产品电商持续成长

8.1 团队运营

直播带货看似只有主播一个人需要出镜，但实际上背后需要一支强大的团队。直播镜头中卖出去的每一件产品都需要专业人员选品，直播的策划、预热宣传等也需要由专业人员完成。对农民来说，在起步摸索阶段，一个人单打独斗或许还可以应付；一旦流量大起来，一个人完成选品、策划、写脚本、直播、场控等全程工作将是一件十分困难的事情。因此，等直播效果渐入佳境之后，一定要打造一支专业的团队，只有这样才能在直播事业的道路上走得更稳更远。

8.1.1 专业的直播团队结构

专业的直播团队其实结构并不复杂，对农产品直播来说，搭建一支包含主播、运营、场控、主播助理的团队就可以了。

（1）主播

主播主要负责人设打造及直播、短视频入镜拍摄等。建议每场直播配备2位主播。在直播时，不一定2位主播都上，但一定要有后备人选，保证场上主播出现紧急情况时有人可以替补。在选择主播时，要关注其是否善于沟通，在镜头前表现是否自然。此外，主播要非常了解产品，具备较强的销售能力，最好有一定的影响力。如果现有人选不能全部满足这些条件，就选择满足条件最多的那个人，并要求该主播不断提升自己。

（2）运营

运营就像大管家，主要负责设计直播脚本、制定直播目标、选品、申请折扣、宣传预热、收集和总结直播数据等工作。

有人认为，自己全职做直播就不需要招聘专业的运营。但事实上，任何一场直播都离不开全面统筹布局、协调各个岗位工作的运营。运营在很大程度上决定了一支直播团队是否可以做出优异的成绩。因此，自己全职做直播更离不开专业的运营的支持与配合。

（3）场控

场控的主要职责是配合主播对直播节奏、流程及直播间氛围进行控制、调整。场控既要提前熟悉直播流程，也要通过引导观众互动调节直播间氛围。最重要的是，场控要及时将数据反馈给主播，维持直播间的热度和人气。

（4）主播助理

主播助理的作用是在观众很多的时候，协助主播与观众互动，解答观众疑问，补充介绍产品信息，协助抽奖，打消观众的顾虑，提高复购率等。主播助理可分为两种，一种是不出镜的场外助理，负责间接引导关注；另一种是出镜的场内助理，负责说明优惠、筛选问题、与观众互动等。

8.1.2　直播团队的工作流程和分工

每一场直播，各个岗位都要分工明确，做好自己的工作，不包揽其他事情。明确的人员分工有助于更有效率地开展直播，避免部分工作未得到及时处理而影响直播。如果有条件，还可以对运营岗位进一步细分，如投手、房管、道具人员、客服等，具体职能如表 8-1 所示。

表 8-1 直播团队中的不同角色及其职能

角色	职能 1	职能 2	备注
主播	讲解产品、互动	—	—
主播助理	补充讲解、引导关注、轮播	演示购买方式、展示道具	—
场控	监控直播后台数据、同步反馈	上链接、设置库存、调整直播产品	—
投手	用短视频向直播间引流	投放免费流量	运营
房管	引导评论、发场控词	监控直播画面	
道具人员	准备展示道具	录屏、机动	
客服	提供售后服务	—	

在直播过程中，每个人的分工一定要明确，避免出现错位。例如，如果团队中的所有人都出现在镜头中，显得乱糟糟的，观众就很难集中注意力。带货直播一定要让观众对货感兴趣，所以出镜者千万不能喧宾夺主。再如，如果主播助理、场控等在配合主播时过于靠近镜头，导致主播被挤到镜头边缘甚至镜头之外，就容易让观众产生该直播间杂乱无序的感觉。为了避免出现这些情况，最好在每场直播之前再次确认每个人的分工、职责范围及工作流程，做好表格并发放到每个人手中。

 直播团队每场直播的工作流程

（1）开播前准备

所有人都要明确直播目的和目标并达成一致。运营、主播等人员要对该场直播销售的产品进行排序并写好脚本，场控要做好产品上架、库存设置等工作，道具人员要做好设备、灯光的调整和准备工作。

（2）直播中带货

主播、场控等人员要相互配合，监控库存数据并及时反馈，以便调整直播策略。房管要做好引导评论、发场控词等工作，同时要监控直播画面是否出现异常。

（3）下播后复盘

运营要对整场直播的各项数据及各岗位人员的表现进行复盘，为下一场直播提供参考。

8.1.3 不同岗位人才的招聘与筛选

俗话说，千里马常有，伯乐不常有。招聘人员时最重要的是做好伯乐，发现适合自己团队的千里马。

直播团队在招聘人才时，首先要了解团队的气质、气氛。这种气质、气氛往往是由团队创始人确定和塑造的。例如，如果团队创始人性格比较随和，做事讲究实干，那么他打造的可能就是一支气氛和谐的实干团队；如果团队创始人性格比较强势，做事讲究效率，那么他打造的可能就是一支强调服从性、高效的团队。

如果招聘的人才与团队的气质、气氛不符，就很容易出现矛盾，极大地影响团队工作效率。例如，把性格温吞的人放到强调高效的团队中，无论是这个人还是团队中的其他人，都会感到不适应。因此，招聘人才的第一步是了解团队的气质、气氛，寻找气味相投的人。但是，气味相投并不代表对方可以胜任工作，这就需要直播团队根据不同岗位的特点、要求对人才进行筛选、考核。

（1）主播的招聘与筛选技巧

很多直播团队在招聘主播时首先关注的往往是其外在形象，事实上，主播的沟通能力、逻辑表达能力、销售能力及应变能力更重要，同时也决定着直播间的转化率。因此，在招聘主播时一定要进行多方面、全方位的考察。

此外，对外招聘全职主播时一定要考察其稳定性，以免主播突然离职。间断性直播对直播团队的发展十分不利，所以主播的稳定性非常重要。为了避免主播突然离职，除了完善激励机制，还可以在提成机制的基础上采取延后发放提成的措施，并在主播入职时明确约定主播离职延后期。例如，主播提出离职一个月后方可正式离职，在这个过程中要尽快招到合适的主播接替其工作，尽可能缩短停播期。

（2）主播助理的招聘与筛选技巧

主播助理作为主播的配合人员，一定要对全场直播的产品信息及上架时间了如指掌，达到随问随答的程度。例如，主播介绍产品时，主播助理要及时补充介绍产品信息，保持对公屏的关注，及时回复观众的问题，打消观众的疑虑，增强观众对产品的信心；根据现场情况临时调整产品的上架顺序，穿插其他产品；根据现场情况随时更新公屏信息等。

因此，在招聘、筛选主播助理时，一定要重点关注其记忆能力、应变能力、沟通能力，以及做事的条理性。主播助理最好具备一定的直播能力，以便在主播休息时顶替主播进行直播。当然，直播能力可以慢慢培养，但其他能力是必备的，否则可能很难胜任主播助理的工作。

（3）场控的招聘与筛选技巧

在一场时间有限的直播里，要让观众在短时间内下单，场控必不可少。场控的主要工作包括跟着主播的节奏烘托气氛、提示下单量和库存量等，通过合适的话术营造紧迫感，促使观众快速下单。

因此，对场控的考核重点是营销能力和应变能力。场控的性格要活泼，要能配合主播调动气氛。

（4）运营的招聘与筛选技巧

运营是影响一场直播销售额的关键岗位之一。一位优秀的运营可以根据当下直播间的"人、货、场"做出灵活调整，根据时间、气候、商业合作条件、快递等上架、下架产品。因此，对运营的考核重点是统筹能力和执行能力。运营最好具备电商运营经验。对缺乏经验的农产品直播团队来说，有经验的运营是最好的帮手。

8.1.4　不同岗位人才的考核与激励

根据直播行业的特点，自产自销类直播团队一般采用"底薪＋销售额阶梯提成"的收入分配模式。不过，不同行业的利润率不同，所对应的直播团队收入分配模式也有所不同。因此，收入分配模式要根据行业及直播团队的经营情况设计。通常来说，主播、主播助理、场控、投手等岗位宜采用提成制，目的是使他们关注销量，努力提高业绩。

下面以主播岗位为例介绍一下直播团队的考核与激励措施。作为直播团队的核心人物，主播的应变能力及留人话术是非常重要的，因此必须进行考核。对一场直播来说，时间、场观、同时在线人数（见图8-1）可以反映主播的表现。

图8-1　直播界面展示了同时在线人数

除了考核，做好激励工作也是直播团队留人的关键。很多时候，主播留不住的主要原因在于以下几点。首先，直播业绩不好，主播拿不到提成或提成很少。其次，直播业绩还不错，但直播频率太高，工作压力太大，主播的嗓子都坏了。身体健康是每个人高效工作的基本前提，不管业绩如何，都要保护好主播的嗓子，保证主播身体健康，否则请谁来最后都有可能留不住。最后，除了物质激励，还要有精神方面的激励，例如，与主播保持良好的沟通，关注他们的心理需求等。

随着以"00后"为代表的新生代人才进入职场，离职率居高不下已经成为很多行业、很多团队面临的难题。对新生代人才正在成为主力的直播行业来说，了解他们的特点，尽量满足他们的需求，是农产品电商团队管理的重要工作内容。

新生代人才的特点和需求

（1）独立意识比较强，希望得到他人的尊重。

（2）交流方式深受网络影响，喜欢在线交流，喜欢使用网络语言，喜欢自嘲和"玩梗"。

（3）对薪资待遇和工作时长非常关心，追求工作与生活的平衡。

（4）对工作成就感、个人价值、成长前景等比较关注。

（5）对领导的个性、团队的氛围比较在意，希望加入更合拍、更对味的团队。

（6）十分注重自己的话语权。

8.2　售后运营

不少直播间"翻车"的原因都是没有做好售后服务。有些直播间只关注流量、销量等数据，却没有搭建相应的售后服务体系，结果导致售后问题频发，引发粉丝抱怨甚至投诉。直播平台对投诉非常重视，一旦接到投诉就会对直播间采取扣分、罚款等措施。因此，要想做好农产品直播，就必须做好售后运营。

8.2.1　订单盘点

其实，从直播间上架产品起，订单盘点就开始了，随时了解订单情况有利于及时更新直播活动和促销策略，调整产品上架顺序、更新库存等。一场直播的结束，恰恰是全面盘点订单的开始。对订单进行全面、系统的盘点，不仅是为了更快速有效地发货，更是对本场直播的一次复盘，为下一场直播的选品、备货、话术调整提供依据。

💡 订单盘点技巧

（1）分省份

先把所有的订单粗分为省内、省外两类，再细分到各个省份。这样在发货时可以节约时间，方便打包发货。

（2）分类别

我们可以按照产品上架的类别对订单进行分类，如 9.9 元的福利款、39.9 元和 49.9 元的礼盒包装款等。这样做不仅可以节约时间，还可以快速全面地了解每个类别的销售情况。

8.2.2　打包发货

打包发货是一项比较复杂、程序也比较多的工作，而且决定了客户收到农产品之后的体验。尤其是生鲜农产品，如果打包发货没有做好，客户收到的农产品可能会坏掉、烂掉。因此，在打包发货环节，我们一定要根据路程的远近、农产品的特点确定是否需要加冰袋、发泡网等进行保护。例如，如果农产品发到新疆，就属于长途运输，一定要选硬实的果子，同时加发泡网等做好保护；如果农产品发到海南等天气比较热的地方，就要加一些冰袋，以保证新鲜度。

此外，还要根据产品规格选择合适的包装，避免出现因包装不当农产品被挤压、摔坏的情况。还可以根据农产品的特性，赠送一些食用小工具及最佳食用方式说明等，如食用猕猴桃的小勺子、芒果食用手册等，如图8-2所示。

图8-2　包装中赠送的食用猕猴桃的小勺子

8.2.3　物流跟踪

物流跟踪是售后服务非常关键的一个环节，只有确保货品按时保质地送到客户手中，销售才算真正完成。除了跟踪物流时间，还要跟踪到货的农产品是否完好、是否存在异常签收等。

（1）没有物流信息

这种情况发生的概率很低，但是一旦发生就比较麻烦，不仅可能发生货品丢失的情况，还会影响直播间的信誉和口碑。因此，对于所有发出去的货品，都要及时确认是否已有物流信息。如果发现没有物流信息，就要第一时间联系快递公司了解情况，关注后续的信息更新。

（2）物流信息异常

物流信息异常是指一开始有物流信息，中途物流信息不更新或物流信息中的地址与客户地址不一致。

如果是中途物流信息不更新，就要先安抚客户，然后向快递公司了解情况，跟进核实结果，及时向客户反馈。

如果是物流信息中的地址与客户地址不一致，同样要先安抚客户，然后在订单系统中核实客户地址。若地址无误，则可能是快递公司出现了错误，此时要立即联系快递公司核实情况并提供正确地址，要求快递公司修改地址，跟进处理结果并及时反馈给客户；若地址有误，则要立即通知快递公司拦截货物，同时安排补发货物或给客户退款，并真诚地向客户道歉。

（3）物流信息显示已签收但客户未收到

这种情况经常会出现，而且一旦出现，客户往往会有很大的负面情绪。这时的重点工作是安抚好客户，同时快速联系快递公司核实情况：如果是丢件，就要立即安排补发或退款，然后提供交易截图、物流信息等资料，与快递公司协商处理办法；如果是未派送，就要催促快递公司立即派送，跟进处理结果，及时向客户反馈。

8.2.4　售后处理

售后问题是指客户下单后反馈的各种问题，如少发漏发、退换货等。无论是哪种问题，我们都要保持耐心倾听，不反驳、不狡辩、不争论，及时回复、不拖沓、不推诿，跟客户协商处理完毕后还要总结售后服务存在的问题，及时予以纠正。

（1）未发货仅退款

这种情况看似比较简单，但要注意在发货之前还有一个库房配货环节，售后人员必须与库房配货人员做好沟通协调，避免出现退款后又发货的情况。在与库房配货人员沟通之前，售后人员要核对客户购买数量与退款金额，因为有时客户可能选择部分退款，这些细节都会影响客户体验。此外，还要关注客户退款的原因，以便后续改善。

（2）已发货未到货退款

这种情况的风险是比较大的，售后人员一定要重点关注、快速处理。售后人员要查看订单物流信息，告知客户货品已发出，争取让客户不要退款。如果客户坚持要求退款，就要根据物流信息处理：若货品刚发出，则通知快递公司退回货品，收到退货后再退款；若货品快到达目的地，则要先拒绝退款，待客户收到货品后再按照"退货退款"处理。

（3）退货退款

对于退货退款的情况，售后人员需要重点关注退货物流信息及退货之后的货品验收。如果退货物流信息出现异常，就要与客户、快递公司保持沟通，做好对接。在货品验收环节，要核查货品是否有影响二次销售的情况，货品的款式、数量是否与发货时一致等。

（4）少发漏发

如果客户反馈货品少发漏发，售后人员在安抚好客户情绪后要立即安排补发，然后在订单系统中核实情况，看看到底是仓库少发漏发还是快递遗失。如果是快递遗失，就要联系客户提供相关资料，然后跟快递公司核实。

8.2.5 评论维护

观众在直播过程中发出的评论一定要及时回复。一条及时的回复很可能会提升主播的形象或直播间的粉丝数。

例如，在某知名直播间，有一位客户说收到一箱毛桃之后发现了坏果，售后人员在第一时间安排退款，没有做任何反驳。后来，该客户追评说这是因为自己没有及时取货，他对该直播间的售后服务大加赞赏。其他粉丝看到这条评论后对该直播间及时、高效的售后服务赞叹不已，该直播间也因此收获了一批"铁粉"。

8.2.6　数据复盘

直播结束后，后台系统通常会自动统计本场直播的订单数和销售额，以及未支付订单数、销量最高的产品等。经常对这些数据进行复盘，就可以慢慢找到直播带货的规律，不断改善直播效果，如图8-3所示。

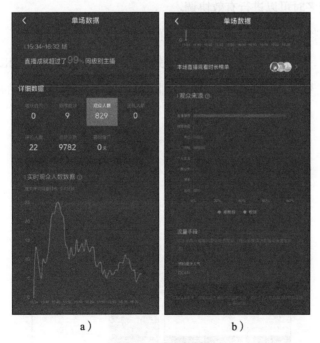

a)　　　　　　　　　　　b)

图8-3　后台数据

8.3 私域运营

直播带货虽然是一种见效比较快的销售方式，但对农产品来说，直播不是万能药，如果没有强大的流量运营能力，即使直播间引流效果非常好，已经有了较多的粉丝，也很难持续变现。因此，在直播间之外，直播团队还要做好私域运营。

8.3.1 建立私域流量池

直播最常见、最直接的私域流量池就是粉丝群。抖音平台自带建粉丝群的功能。粉丝群在开播前就要建好，一般建议建 2 个以上，这能保证同时入群的粉丝较多时可以进行有效协调。

下面以抖音平台为例说明建粉丝群的步骤。

第一步，打开抖音账号主页，点触右上角的三条线按钮，如图 8-4 所示。注意，蓝 V 号或企业号显示的是"企业服务中心"，个人号显示的是"创作者服务中心"。

a）　　　　　　　　　　b）

图 8-4　抖音账号主页

第二步，以企业号为例，点触"企业服务中心"选项，进入"企业服务中心"页面，如图 8-5 所示。

第三步，点触"涨流量"页面中的"主播中心"按钮，进入"主播中心"页面，如图 8-6 所示。

图 8-5 "企业服务中心"页面

图 8-6 "主播中心"页面

第四步，点触"更多功能"按钮，进入"更多功能"页面，如图 8-7 所示。

第五步，点触"粉丝群"选项，进入"粉丝群管理"页面，如图 8-8 所示。

第六步，该页面会显示当前账号已经有哪些粉丝群，点触"立刻创建粉丝群"按钮即可进入粉丝群创建页面。粉丝群创建成功之后，可以设置进群门槛，如图 8-9 所示。

图 8-7 "更多功能"页面　　图 8-8 "粉丝群管理"页面

a）　　　　　　　　b）　　　　　　　　c）

图 8-9 创建粉丝群

8.3.2　收集直播反馈

收集直播反馈既可以在直播快结束的时候进行，也可以在粉丝群里面进行，主要是收集粉丝对直播的感受、建议等，以及收到货品后的反馈等。

例如，主播可以说："下单的粉丝宝宝们，如果收到货后有任何关于包装、货品的问题，可以第一时反馈给我们，我们会在第一时间处理。当然，希望宝宝们可以反馈更多能帮助我们改进工作的意见和建议。"

除了通过话术直接征求反馈，还可以通过发放福利征求反馈。例如，在粉丝群中举办"直播改善意见大赛"，优胜者可以获得一定的奖励，这样既增强了粉丝群的互动性，又能收集更多的反馈意见。

此外，定期发放调查问卷也是一种不错的方法。但要记住，在发放问卷时一定要发放福利，切不可让粉丝"白白付出"。

8.3.3　长期稳定高频开播

长期开播既可以让粉丝可以时常看到主播，增强粉丝对主播的好感，并让他们产生一种"睁开眼是你，闭眼时还是你"的熟悉感。

此外，长期保持稳定开播，直播间的数据表现也会好一些。例如，同类主播开 2 小时直播，自己开 4 小时直播，场观肯定是不一样的；同类主播开 12 小时直播，自己开 24 小时直播，账号活跃度肯定会更高。

为了实现长期稳定高频开播，可以采取 24 小时不间断直播、换主播不换账号的战术。

8.3.4　不断更新产品

产品的不断更新会让粉丝产生新鲜感，之前买过并认可产品的粉丝会在第一时间回购，持续购买主播推荐的产品。

农产品是回购率较高的产品，四季更新往往会让粉丝产生更强的黏性，如春季的樱桃、甜瓜，夏季的西瓜，秋季的葡萄、猕猴桃，冬季的芒果等。

当然，产品更新也要讲究策略，不可为了更新而更新。有些直播团队在更新产品时过于跳跃，可能上一场直播卖桃子，下一场直播就卖鞋子，这种跨品类更新产品的做法不利于老粉丝的维护。通常来说，一场直播的产品更新比例保持在50%~60%是比较合适的，这样既能满足老粉丝的需求，又能让直播间有一定的新鲜感。对农产品直播间来说，最好在三农领域进行选品，尽量不要跨到其他品类，否则可能会造成粉丝流失。

8.3.5　向粉丝发放专属福利

粉丝专属福利是定向发放的，观众点关注加入粉丝团后就可以领取相应的福利。例如，某主播这样介绍粉丝专属福利："9.9元30个猕猴桃，仅点关注加入粉丝团的宝宝可以抢，现在下单后台就可以看到。"

此外，主播也可以在公屏上随机抽取点关注加入粉丝团的观众，向他们发放专属福利。这样做可以吸引对福利很感兴趣的观众加入粉丝团。

除了在直播过程中推出粉丝专属福利，还可以在粉丝群中定期推出粉丝专属福利。例如，将每周二定为"粉丝专属日"，主播在这一天会在粉丝群中举办抽奖活动、粉丝专属活动等，与粉丝进行强互动，从而增强粉丝黏性。

8.3.6　群内开播提醒

在粉丝群内进行开播提醒是很有必要的。相对于公域流量，粉丝群带来的私域流量更加精准，粉丝对直播间的产品也更加期待，每次直播前在群里进行开播提醒可以有效吸引粉丝进入直播间。

通常来说，在粉丝群内进行开播提醒有两种方式，一种是用户点关注加入粉丝团后，账号一发视频，群里就有提示，因此直播预告视频也会被这些粉丝看到。但是，可能有些粉丝并没有留意提示信息，这时就要再把引流视频直接发到粉丝群里（见图 8-10）。引流视频可以提前一周发、提前三天发、提前一天发、开播当天发、直播过程中发，持续不断地提醒粉丝进入直播间。

图 8-10　在粉丝群内发引流视频

此外，我们还可以通过更改名字的方式提醒开播。例如，名字原本是"神州游"，开播前可改为"神州游 9.3 全场福利款""神州游 9.9 元专场"等。

当私域流量达到一定水平之后，就可以尝试私域直播。私域直播是指针对私域流量所做的直播。与常规直播不同的是，私域直播更强调为粉丝提供高质量的内容，如线上乡村观光体验游直播、线上农家饭制作分享等，其目的是长期稳定地留住粉丝。私域直播的首要目标是与粉丝建立更强、更稳定的关系，而不是变现。

对农产品电商来说，无论是带货直播还是私域直播，最终目的都是变现，只是一个强调短期效益，另一个追求长期效益。

致谢

当我坐在计算机屏幕前，敲出"致谢"两个字的时候，许多情绪如潮水般涌来，将我一点点淹没了。

这套助力乡村振兴系列图书的编撰，并不是一时兴起。我们走过了西北地区的127个县，培训了3万余名学员，他们对知识的渴望感染了我们，我们觉得自己应该为他们再做些什么，再多做些什么。

书籍是人类进步的阶梯，如果把相关的内容整理成书，那么我们上完课，知识还可以留在书本里，伴随着他们。

人民邮电出版社编辑的想法与我不谋而合，我们经过商讨、策划，很快就进入了创作阶段。当时是2月，初春时分。这本书的创作接近尾声的时候，已经是9月中旬。窗外是西安的初秋，北方的秋，天高云淡，科技路上桂花正香。此时的陕西直播产业研究院正逢假日，安静无比，而我在这里奋笔疾书。

这本书其实是一个总结，是对我们过去三年间"把课堂搬进田间地头，把论文写在三秦大地"历程的回顾。当然，更多的是展望。未来，这是一片巨大的蓝海，我有信心、有责任、有使命带着大家继续走下去。

感谢西安邮电大学，是它接纳了我的平凡和普通，让我可以心无旁骛地投入学术探索和研究，这一路给了我许多勇气和力量。

感谢陕西联通的各位领导和小伙伴，这本书也凝结着我们共同致力于数字乡村建设的心血和足迹。

感谢陕西直播产业研究院教师团队的每一位老师，有了她们的积极参与和无怨无悔的付出，这本书才有了现在的模样；尤其是远在黑龙江的研究生王维维，在决定写书的最开始，她自告奋勇地第一个加入。感谢董红老师，感谢赵改娟老师，感谢商竞老师、乔晓娟老师等；尤其是赵改娟老师，她对书稿做了认真细致的校对。无论面对多么烦杂的事情，老师们都毫无怨言，这让我深深感动。

感谢人民邮电出版社的编辑，是他们不停地支持我、鼓励我，给我指导。

感谢远在合肥的王娟娟老师，她参与了许多具体的工作，也一直在宽慰我不要着急。

感谢张鸿院长和喵爷爷，每次在我觉得累得撑不下去的时候，喵爷爷都语重心长地对我说："小赵同志，你要重于泰山。"

感谢学生团队，我的学生们，每次都承受了我的坏脾气。

最后，还是要感谢自己，谢谢自己这一路的坚持，不曾放弃梦想，不曾向现实妥协。

把我最喜欢一句话，送给这一路的我们：

我们不是因为看见而相信，而是因为相信而看见。

2022 年 9 月 11 日午

于陕西直播产业研究院